AGON SPORTVERLAG

Heinz-Egon Rösch

Sport in Düsseldorf
gestern und heute

50 Jahre
Stadtsportbund Düsseldorf e.V.

D1731753

Heft 12 der Düsseldorfer sportwissenschaftlichen Studien,
herausgegeben von
Prof. Dr. Heinz-Egon Rösch und Prof. Dr. Sarkhadun Yaldai,
Institut für Sportwissenschaft der Heinrich-Heine-Universität Düsseldorf

Mit freundlicher Unterstützung der

Stadt-Sparkasse Düsseldorf

Umschlagfotos:

Oben links: Vorturnerinnen der Turngemeinde (TG) 1881 Düsseldorf, 1939
Oben rechts: Galopprennbahn in Grafenberg
Unten links: Jörg Roßkopf vom Tischtennis-Bundesligaverein Borussia Düsseldorf
Unten rechts: Das Düsseldorfer Rheinstadion

Bilder: Archiv Heinz-Egon Rösch
Einband: Werkstatt für creative Computeranwendung Bringmann, Lohfelden
Druck: Druckerei Thiele & Schwarz, Kassel

© 1999 by AGON SPORTVERLAG
      Frankfurter Str. 92A
      D - 34121 Kassel

ISBN 3-89784-165-7

Inhaltsverzeichnis

Olympiasieger Balkenhol zeigt seine Medaillen, Pokale und Rosetten

Vorwort

Im Jahre 1996 feierte die Landeshauptstadt Düsseldorf das 50jährige Bestehen des Landes Nordrhein-Westfalen. Zahlreiche Veranstaltungen und Feiern bestimmten den Festkalender dieses Jubiläumsjahres. Auch der Sport beteiligte sich am Jubiläumsreigen unter anderem durch einen Beitrag zur Stadtgeschichte Düsseldorfs. In der Hauptstelle der Stadt-Sparkasse Düsseldorf in der Berliner Allee wurde auf 60 Schautafeln die Düsselorfer Sportgeschichte von den Anfängen bis zur Gegenwart dargestellt. Die Ausstellung war in zweijähriger Vorbereitungszeit durch das Institut für Sportwissenschaft der Heinrich Heine-Universität Düsseldorf vorbereitet und vom Team der Werbeabteilung der Stadt-Sparkasse optisch hervorragend präsentiert worden. Umfassendes Material mußte unter Mitarbeit von Sportstudierenden in Archiven, Bibliotheken, in Schulen, Zeitungsredaktionen, in den Sportvereinen und -verbänden, in Vereinszeitschriften und -festschriften, bei Expertenbefragungen und Zeitzeugen gesammelt werden. Das Ergebnis offenbarte sich als ein Kaleidoskop Düsseldorfer Sportkultur.

Ergänzt wurde die Ausstellung durch zahlreiche Leihgaben der Düsseldorfer Sportvereine, von Düsseldorfer Sportlerinnen und Sportlern. Aus Museen und Bibliotheken konnten wertvolle Buch- und Kunstobjekte mit sportlichen Motiven entliehen werden.

An zwei Abenden wurden Modeschauen veranstaltet. Die Models der Düsseldorfer Modeschule Schloß Eller zeigten eine Kollektion von exklusiven Eigenschöpfungen, angefangen von historischen Turn- und Badeanzügen über zweckmäßige Wanderkleidung bis hin zu modernsten Tenniskleidung und Fitness-Outfit. In bunten Kindersportmoden mit gelb-grünroten Farbtönen tummelten sich die Jüngsten über den Laufsteg.

Verbunden mit der Ausstellung war auch ein großes Preisrätsel. Es wurden zehn Fragen zur Düsseldorfer Sportgeschichte gestellt, die sich beim Studieren der Schautafeln beantworten ließen. Den beiden ersten Gewinnern spendierte die Stadt-Sparkasse einen Rundflug mit der historischen JU 52 über Düsseldorf und das Umland.

Am frühen Abend des 15. Oktober 1996 begrüßte der stellvertretende Sparkassendirektor Bernd Eversmann die 500 geladenen Gäste. Er wies auf die bisherige gute Zusammenarbeit der Stadt-Sparkasse mit der Heinrich Heine-Universität hin, die sich wiederum dokumentierte in dieser Ausstellung zum Sport in Düsseldorf. Weitere Grußworte sprachen Bürgermeister Heinz Hardt für die Stadt Düsseldorf und Heinz Tepper, der Vorsitzende des Stadtsportbundes Düsseldorf, dem über 375 Sportvereine der Landeshauptstadt angehören. Als Vertreterin der Heinrich Heine-Universität sprach Universitätsprofessorin Dr. Michiko Mae, Prorektorin für

Lehre, Studium und Studienreform. Ihre Ansprache war nicht nur ein Hinweis auf die gemeinsame Förderung von Wissenschaft und Kultur durch die Universität und die Stadt-Sparkasse, sondern auch ein persönliches Bekenntnis zur kritischen Auseinandersetzung mit dem Sport in der Gegenwart. Ihre bemerkenswerten Gedanken sind daher im vollen Wortlaut in dieser Schrift abgedruckt.

Die Veranstaltung wurde umrahmt von musikalischen Darbietungen und tänzerischen Impressionen der Choreografischen Werkstatt des Instituts für Sportwissenschaft der Heinrich Heine-Universität unter Leitung von Dozentin Dr. Antje Klinge.

Allen Mitwirkenden gebührt ein herzliches Wort des Dankes für die kulturelle und finanzielle Mithilfe bei der Gestaltung der Ausstellung SPORT IN DÜSSELDORF - GESTERN UND HEUTE.

Düsseldorf, Februar 1999   Prof. Dr. Heinz-Egon Rösch

Die 60 Schautafeln zur Ausstellung SPORT IN DÜSSELDORF - GESTERN UND HEUTE mit den vollständigen Texten und Bildern sind ausleihbar beim:
STADTSPORTBUND DÜSSELDORF
Kronenstraße 62
40217 Düsseldorf

Grußwort

Universitätsprofessorin Dr. **Michiko Mae**, Prorektorin der Heinrich Heine-Universität Düsseldorf

Sehr geehrter Herr Eversmann, sehr geehrter Herr Bürgermeister Hardt, lieber Herr Kollege Rösch, meine Damen und Herren!

Die Heinrich-Heine-Universität, für deren Rektorat ich heute ein Grußwort sprechen darf, ist nicht zum erstenmal Gast an diesem Ort. Unsere bibliophilen Kostbarkeiten waren bereits hier zu sehen und 1988, im Jahr des Stadtjubiläums, konnten wir uns in einer Ausstellung als Universität der Landeshauptstadt vorstellen. Gern erinnern wir uns an die Unterstützung Ihres Hauses, sehr geehrter Herr Eversmann, bei dieser gelungenen Präsentation, die der Düsseldorfer Bevölkerung die eigene Universität näher gebracht hat.

Meine Damen und Herren, auch für Leute, die wie ich wenig vom Sport verstehen, ist klar, welche große Bedeutung der Sport für die moderne Gesellschaft hat. Vielleicht ist es für Sie interessant, wenn ich aus der Sicht einer doppelt Außenstehenden einige Bemerkungen zu dem Phänomen Sport mache: aus der Perspektive eines anderen Kulturkreises und aus der Sicht einer Wissenschaftlerin, die Phänome immer dann besonders kritisch analysiert, wenn sie ein spezifisch männliches Strukturmuster zeigen. Was fällt in dieser Sicht am modernen Sport besonders auf? Wann werden natürliche oder kulturell geprägte Bewegungsformen wie Laufen, Springen, Schwimmen, Reiten, Fechten, Ballspiele etc. zu Sport? Wenn sie nur um ihrer selbst willen und gleichzeitig so gut und so vollkommen wie möglich ausgeübt werden? Dies wäre mir als Japanerin sehr vertraut. Kaum eine andere Kultur bewertet die Fähigkeit so hoch, eine Tätigkeit oder Fertigkeit so lange zu üben, bis sie eine Grad von Perfektion oder Vollkommenheit erhält, durch den sie quasi automatisch, wie von selbst ohne Einfluß des menschlichen Willens und Bewußtseins abläuft. Paradoxerweise ist diese Ausschaltung des Willens und Bewußtseins um der reinen Perfektion der Tätigkeit oder Fähigkeit willen nur als höchste Anstrengung der Willenskraft und Bewußtseinskonzentration möglich. Gibt es hier eine Ähnlichkeit zum Sport, für den ja das reine Leistungsprinzip, d.h. die Erreichung der bestmöglichsten Leistung, ein Grundelement ist? Sind Judo, Kendo, Kyudo etc. Sportarten? „Do" heißt „Weg", als „der weiche Weg", der „Weg des Schwertes", der „Weg des Bogenschießens" etc. Aber es gibt auch den „Weg des Tees" (chado), den „Weg des Schreibens" (shodo), den „Weg des Blumensteckens" (kado) etc., also eher kulturelle Wege. In beiden Fällen sind das Üben (modern gesagt: das Training), die Ausbildung des Willens und der Ausdauer, der Konzentration des Bewußtseins gemeinsame Elemente. Es ist für mich interessant zu beobachten, daß man im westlichen Leistunggssport immer stärker die Bedeutung des mentalen Trainings, der Willenskraft, der Ausdauer, Entschlossenheit etc. entdeckt. Hier könnten die westliche und die östliche Kultur in einen fruchtbaren Austausch kommen.

Wenn aber das Verhältnis zwischen den Kulturen im Sportbereich so gesehen wird, wie ich es vor kurzem in einem Artikel gelesen habe, hätte ich große Bedenken: „Die Weiterentwicklung der Maschine Mensch ist vor allem durch die Rekrutierung entsprechender genetischer Gruppen möglich. Bevölkerungsreiche Länder wie China können da aus dem vollen schöpfen. Asiaten bnutzen ihre Bewegungstalent beim Turnen (..) und bei den Kampfsportarten. Schwarze haben in den Laufdisziplinen physiologische Vorteile (...). Weiße dagegen dominieren die technischen Disziplinen der Leichtathletik" (Aussagen eines Sportmediziners aus: Stern, 30/1996, S. 154). Das klingt ziemlich rassistisch und es könnte im Sportbereich zu einer anderen Form des „Kampfes der Kulturen" führen, von dem heute viel die Rede ist.

Insgesamt scheint der modene Sport mit seinen Grundprinzipen der ständigen Leistungssteigerung, der Spezialisierung und der Konkurrenz ein Spiegelbild der westliche kapitalistischen Gesellschaft zu sein. Könnte er nicht auch ein korrigierendes und ausgleichendes Gegenbild der modernen Gesellschaft sein? Dazu müßten, so finde ich, das spielerische Element, das sinnliche Element der Kooperation stärker betont werden. Auch im Sport sollten die ethischen und kulturellen Werte eine größere Rolle spielen - so wie in Japan der Weg des Schwertes, der weiche Weg etc. im Prinzip das Gleiche sind wie der Weg des Tees, des Schreibens, des Blumensteckens etc.. Dann hätten vielleicht auch die Vertreter des Geistes, die Wissenschaftler, Künstler und Schriftsteller ein weniger distanziertes und gebrochenes Verhältnis zum Sport. Einer von ihnen, der Namenspatron unserer Universität, also Heinrich Heine, hatte eine starke Aversion gegen das politische Umfeld des Sports à la Turnvater Jahn. Sport als Disziplinierungsmittel für die Massen und zur Wehrertüchtigung war ihm sehr zuwider. Was hätte Heine zu dem Mißbrauch des Sports im 20. Jahrhundert gesagt, zum Mißbrauch durch den Nationalsozialismus und Totalitarismus, aber auch durch die Kommerzialisierung in unserer heutigen demokratischen Gesellschaft?

Meine Damen und Herren, ich möchte Ihnen als kleinen Beitrag zur Annäherung von Sport und Kultur in unserer Stadt Düsseldorf eine Geschichte erzählen, die ich von einem sehr belesenen Mitarbeiter unserer

Universität erfahren habe. Es gab im letzten Jahrhundert eine Amtsrichter, der für die Düsseldorfer Sportgeschichte eine wichtige Bedeutung hat. Der Amtsrichter Emil Ferdinand Hartwich war nicht nur ein Mann der Kultur, der gern malte und musizierte, sondern er ritt auch gern, ruderte auf dem Rhein, schwamm und liebte Wanderungen im Bergischen Land. Aber er war auch ein Freund der Frauen, ein „Damenmann", wie man das damals nannte, und das wurde ihm zum Verhängnis. Er lernte nämlich im Künstlerverein Malkasten die Frau eines preußischen Rittmeisters kennen, die mit ihrem Mann im Schloß Benrath wohnte. Es kommt zu einer Romanze, der Ehegatte findet kompromittierende Briefe, fordert den Amtsrichter zum Duell und verletzt ihn so schwer, daß dieser am 1. Dezember 1886 in der Berliner Charité stirbt. Die Ehe wird geschieden, die Kinder werden dem Vater zugesprochen und die Mutter darf sie nicht mehr sehen. - So hat das Leben die Geschichte geschrieben. Sie haben die Geschichte wahrscheinlich schon erkannt: Theodor Fontanes Roman „Effi Briest". Fontane kannte die wahren Akteure persönlich. Die Frau, also das Vorbild für Effi Briest, heißt Elisabeth von Ardenne. Trotz der schrecklichen Geschichte wurde sie 99 Jahre alt und starb 1952. Sie war eine leidenschaftliche Bergsteigerin und lernte mit 80 Jahren noch das Radfahren. Ein Vorbild für alle, die den Sport aus Freude und Begeisterung ausüben! Und ein Beispiel dafür, welche überraschenden Entdeckungen man machen kann, wenn man in der Düsseldorfer Sport-, Kunst- und Gesellschaftsgeschichte auf Spurensuche geht.

Meine Damen und Herren, zum Schluß möchte ich den Initiatoren und Organisatoren der Ausstellung „Sport in Düsseldorf", besonders unserem Institut für Sportwissenschaft, für die Mühen danken, die mit der Vorbereitung einer so umfangreichen Präsentation verbunden sind. Und bei der Stadtsparkasse Düsseldorf möchte ich mich herzlich bedanken, daß wir wieder bei Ihnen zu Gast sein dürfen. Der Ausstellung „Sport in Düsseldorf" wünsche ich viele Besucher und eine lebhafte Resonanz in der Öffentlichkeit.

Einführung in die Ausstellung
„Sport in Düsseldorf - Gestern und Heute"

von Heinz-Egon Rösch

Die Ausstellung „Sport in Düsseldorf - Gestern und Heute" umfaßt über 60 Schautafeln. Sie ist so konzipiert, daß sich chronologische und thematische Motive gegenseitig durchdringen.

CHRONOLOGISCH: Angefangen hat es - wenn man so will - vor sechzigtausend Jahren, als die Neanderthaler unsere Gefilde im Raum des heutigen Düsseldorf, Erkrath und Mettmann durchstreifen und jagen. Die mittelalterlichen Schützenbruderschaften pflegen ihre Historie bis auf den heutigen Tag. Die von Gramináus beschriebenen und in der Fürstenhochzeit von 1585 gestochenen wertvollen Turnierbilder sind sehr aufschlußreich für das „sportliche" Leben am Hof zu Düsseldorf. 1815 wird der erste Turnplatz im Hofgarten angelegt und es wird unter Anleitung von Wilhelm Zernial geturnt. Der Düsseldorfer Turnverein von 1847, der älteste Turnverein Düsseldorfs, nimmt nach der „Turnsperre" das Turnen auf und verbindet es mit demokratischen Ideen. Später widmet sich Emil Ferdinand Hartwich der Volksgesundheit, indem er auf deren Defizite hinweist. Dann tritt um die Jahrhundertwende der Sport auf den Plan. Seitdem wird in Düsseldorf Fußball gespielt, dann Handball, Faustball und später Basketball und Volleyball. Dazu gesellen sich Rudern, Schwimmen, Leichtathletik und viele andere Sportarten.

In den 20er Jahren erlebt Düsseldorf 1926 mit der GESOLEI, der großen Internationalen Ausstellung für Gesundheitspflege, Soziale Fürsorge und Leibesübungen mit ihren zahlreichen sportlichen Aktivitäten einen ersten Höhepunkt Düsseldorfer Sportkultur. Der nationalsozialistische Staat gängelt sodann mit der Gleichschaltung und dem totalitären Führerprinzip das sportliche Geschehen zum Staatssport. Nach dem Untergang des Hitlerstaates nimmt der Sport erst allmählich wieder Konturen an. Gemeinsam ist man stärker beim Wiederaufbau. Daher wird 1946 der „Ortsverband Düsseldorfer Sportvereine" (später „Stadtsportbund") ins Leben gerufen. Weitere Marksteine in der Entwicklung des Düsseldorfer Sports sind das neue Rheinstadion, der Ausbau der Schulsportanlagen, von Freizeit- Spiel- und Sportstätten und große internationale Sportveranstaltungen wie der Leichtathletik-World-Cup, die Spiele um den World-Team-Cup im Tennis, der „Kö-Lauf" und das „Radrennen rund um die KÖ" und vieles mehr.

THEMATISCH: Sportarten - bei weitem nicht alle in Düsseldorf vertreten - werden kurz dargestellt. Neben dem Vereinssport werden auch andere Bereiche wie Freizeitsport, Schulsport, Hochschulsport, Behindertensport angesprochen, ebenso Themenbereiche wie „Sport und Umwelt",

10

„Sport und Gesundheit/Fitness", „Sport und Kunst", „Kirchen und Sport", die Strukturen der Sportverwaltung, der Stadtsportbund und natürlich die Sportwissenschaft, wie sie hier in Düsseldorf vertreten ist. Auf alle Bereiche kann hier nicht eingegangen werden. Dafür können das kleine Faltblatt und die Ausstellung selbst weitere Informationen liefern.

Die ausgestellten OBJEKTE sind vielfältiger Art: Sieger- und Wanderpokale, Urkunden, Bilder, Wimpel, Fahnen ... . Und wer möchte nicht den „Silbernen Jan Wellem" des Düsseldorfer Yacht-Clubs, die Meisterschalen der DEG, den Team-World-Cup des Rochus-Clubs sehen? Die Olympiamedaillen der Siebenkämpferin Sabine Everts-Thomaskamp (Los Angeles 1984), Colin von Ettingshausen` von der Benrather-Rudergesellschaft (Barcelona 1992) und Klaus Balkenhols jüngste Goldmedaille im Mannschafts-Dressurreiten (Atlanta 1996) kann jeder unmittelbar in Augenschein nehmen. Vom alten Hochrad bis zum supermodernen Rennrad, vom verstaubten Turnpferd bis zum glänzenden Fitneß-Gerät, vom Taucher bis zur Cheerleader ist alles vertreten. Der Eishockey-Crack und der Fußballtorwart schauen der Bankkundin beim Ausfüllen des Schecks über die Schulter. Ja, es sind so viele Objekte, Bilder und Collagen zusammengekommen, daß nicht alles aufgenommen werden konnte. Die große Schalterhalle reicht leider nicht dafür aus. Wir hätten ein ganzes Museum damit füllen können.

Die Ausstellung atmet den „Geist" der jeweiligen sporthistorischen Epoche und der Gegenwart. Die schwerwiegenden Probleme, die heute den Sport bedrängen, belasten oder auch „farbiger" gestalten, können in der Ausstellung kaum zum Ausdruck gebracht werden. Zu nennen sind hier: Sport und Brutalität, Sport und Doping, die Auswirkungen der Kommerzalisierung und Professionalisierung auf den einzelnen Sportverein und die Sportverbände usw.. Die finanziellen Sorgen, die die Vereine, aber auch die öffentlichen Haushalte bedrängen, werden ohnehin in den Mitgliederversammlungen und von den Vorständen heiß diskutiert, ebenso wie der immer stärker werdende Mangel an ehrenamtlichen Mitarbeitern und Jugendleitern. In unserer Zeit der schwindeneden sportlichen Werte treten diese Symptome immer mehr zu Tage, weil leider nur zu oft das Geld der einzige Maßstab geworden ist

Meine Damen und Herren! In der Wissenschaftsgeschichte kommt der Geschichte des Sports die gleiche Bedeutung zu, wie der Geschichte der Kunst, der Musik, des Films, der Medien usw.. Bewegung, Spiel und Sport sind wertvolle gesundheitliche, soziale und kulturelle Faktoren von hohem gesellschaftlichem und politischem Stellenwert. Diesen Stellenwert haben der Vorstand der Stadt-Sparkasse Düsseldorf und der Stadtsportbund Düsseldorf erkannt. Ich möchte daher ganz herzlich danken für die großartige Präsentation des Düsseldorfer Sports.

Für mich persönlich ist mit Erreichen der Altersgrenze nun mein letztes Semester hier in Düsseldorf angebrochen. Diese Ausstellung soll eine Hommage an die Stadt sein, die mir in den vergangenen 17 Jahren so vertraut geworden ist. Möge der Sport in seinen vielfältigen Ausprägungen auch weiterhin der Bevölkerung der Landeshauptstadt Düsseldorf zum Nutzen und zur Freude gereichen!

Die Idee des Sports ist kulturell und sozial geprägt. Er ist ein Kulturphänomen auf natürlicher biologischer Basis . (Philosophieprofessor Dr. Hans Lenk, Olympiasieger 1960)

Sport - Ein kultureller und sozialer Faktor

Sportkultur in Düsseldorf

Düsseldorf, die Landeshauptstadt von Nordrhein-Westfalen, ist eine Stadt der Kultur. Museen, Galerien, Theater, Ballette, Konzerte - sie alle tragen zu dem kulturellen Ruf einer „Stadt der Künste und der Kultur" bei.

Ist Düsseldorf auch eine „Stadt des Sports"?
Pro und Contra!

Pro :

» In Düsseldorf sind ca. 30 Prozent der Bevölkerung in 375 Turn- und Sportvereinen, in den Schulen, in den Weiterbildungs- einrichtungen, in freien Gruppen und als Individualsportle- rinnen und -sportler in verschiedenen Spiel- und Sportarten aktiv.

» Die Ausstattung mit Sportstätten und Spielanlagen ist durch- schnittlich gut.

» Das Bewußtsein für sportliche Betätigung als Gesundheits- faktor ist in der Bevölkerung erheblich gewachsen (Fitneß- Bewegung).

» Die Erfolgsbilanz in den Sportarten wie Fußball, Handball, Tennis, Tischtennis, Eishockey, Faustball, Leichtathletik, Schwimmen, Tanzsport und Hockey in der Vergangenheit und in der Gegenwart kann sich sehen lassen.

Contra:

» Die hohen Mieten für Sporthallen, Hallenbäder, Schwimm- bäder belasten sehr stark die Vereine, die zumeist ehrenamt- lich einen großen Beitrag für das Wohl der Bevölkerung der Stadt leisten.

12

» Sport und Sportwissenschaft haben leider noch nicht überall den gebührenden kulturellen und sozialen Stellenwert in der Stadt- und Landespolitik, in der Wirtschaft und in der Wissenschaft (Beispiel: Das diese Ausstellung projektierende Institut für Sportwissenschaft der Heinrich Heine-Universität Düsseldorf sollte geschlossen werden!).

Sport als Kultur

Bewegung, Spiel und Sport gehören zur „Alltagskultur". Spiel und Sport wurden 1986 vom Deutschen Bundestag ausdrücklich als Teil einer „kommunalen Kultur" bezeichnet. - „Sport ist Kultur - Sport- und Bewegungskultur", so der Vizepräsident des Deutschen Sportbundes, Professor Dr. Ommo Grupe.

Viele Elemente der Kultur kommen in Bewegung, Spiel und Sport zur Geltung:

» Gesundheit und Wohlbefinden

» Sensibilität und materiale Erfahrung mit dem eigenen Selbst und dem eigenen Körper (Körpererfahrung, Körperkultur)

» Gemeinschaft mit anderen

» Leistungsbereitschaft und Leistungsdarstellung

» Gestaltung, Kreativität, Ästhetik

» Die Umwelt wird durch Sport mitgestaltet

» Sport besitzt ein enormes wirtschaftliches Potential

» Sport ist Gegenstand der Wissenschaft, Wissenschaft ist Kultur

Negative Einflüsse, die Spiel und Sport als Kultur bedrohen:

» Kommerzialisierung

» Professionalisierung

» Politisierung

» Enthumanisierung (Doping)

» Hochleistungsmanie

» Aggression, Gewalt, Brutalität

» ökologische Schäden durch umweltfeindliches Verhalten und Handeln

Sport als sozialer Faktor

Spiel und Sport sind „Integrationsmodelle" der Gesellschaft:

» Spiel und Sport als Übungsfeld der persönlichen und mitmenschlichen Fairneß

» Spiel und Sport mit ausländischen Mitbürgern

» Spiel und Sport für Menschen mit Behinderungen

» Bewegung, Spiel und Sport mit älteren Frauen und Männern

» Bewegung, Spiel und Sport sozialpsychologisch als Vermittler von Freude und Geselligkeit

» Prävention und Rehabilitation von Krankheiten, Verletzungen, Sucht

Sport als kultureller und sozialer Faktor gilt es bei dieser Ausstellung stets mit zu bedenken, will man diesem Phänomen unserer Kultur historisch und aktuell gerecht werden!

Sport als Lebenserhaltung

Neanderthaler laufen, springen, werfen und jagen

Die in unmittelbarer Nachbarschaft von Düsseldorf 1856 in der Feldhofer Grotte im Neandertal gefundenen Skelettreste des „Neanderthalers" (homo neanderthalensis) aus der Altsteinzeit weisen auf Menschen vor ca. 60 000 Jahren hin, die sich durch Sammeln von Früchten und durch die Jagd auf (wilde) Tiere ernähren. Die „urmenschlichen Bewegungen wie Gehen, Laufen, Springen, Steigen, Klettern, Werfen, Schwimmen ... sind von Urzeiten her als das Leben sichernden Leibesübungen" zu erklären (Klemens C. Wildt). Für den frühzeitlichen Menschen sind die Schnelligkeit und die Ausdauer als Läufer, die Kraft und die Treffsicherheit im Bogenschießen wie im Speerwerfen als Jäger zum Lebenserhalt notwendig. Aber nicht nur existentielle Lebenssicherung, sondern auch Spiele und (kultische) Tänze sind Lebensinhalt unserer Vorfahren aus der Urzeit der Menschheit.

Düsseldorfer Schützen vom Mittelalter bis heute

Die Schützenvereine (in Düsseldorf zumeist St. Sebastianus-Schützenbruderschaften und -vereine) sind in ihren Anfängen mit dem politischen und wirtschaftlichen Aufstieg der Stadt eng verbunden. Der älteste Düsseldorfer St. Sebastianus-Schützenverein wird 1316 (?) gegründet. Es folgen die Schützenbruderschaften in Derendorf (1420), Kalkum (1428), Wittlaer (1431), Düsseldorf-Altstadt (1435), Hamm (1436), Angermund (1450), Gerresheim (1455) und Kaiserswerth (1467). Die Schützen bewachen und beschützen das Leben in ihrer Stadt und in ihrer Gemeinde.

Das älteste Schützenhaus wird 1634 bezeugt, als es durch die Explosion des Pulverturms im 30jährigen Krieg zerstört wird. Später gibt es Schießplätze in Pempelfort und im Hofgarten. Die Schützenvereine stehen unter dem Patronat der Herzöge, später der preußischen Könige, die anläßlich der Schützenfeste wertvolle Königsschilde, -vögel, -silber und Pokale stiften.

1847 findet in Düsseldorf das große „Rheinisch-Westfälische Preisschießen" statt, verbunden mit zahlreichen Lustbarkeiten. Die Schützen sind - wie manche anderen Düsseldorfer Vereinigungen - in die 1848er Revolution involviert. Der spätere Chef der Bürgerwehr, Lorenz Cantador, überreicht nach einer flammenden Rede den Schützen die demokratische schwarz-rot-goldene Fahne. Später sind die meisten Schützen - wie auch die Turner - national-monarchisch gesinnt.

1873 wird in Düsseldorf das 1. Rheinische Bundesschießen ausgerichtet. Constantin de Leuw, der damalige Meisterschütze, vermacht dem Stadtmuseum seine reichhaltige Preissammlung.

In der NS-Zeit werden die Schützen wie die Sportler „gleichgeschaltet" und dem „Führerprinzip" unterworfen. Sie werden auch zum Fackelzug an Hitlers Geburtstag befohlen. Es gibt aber auch Schützen, die sich dem System widersetzen. Leo Statz wird 1943 „wegen Wehrkraftzersetzung" hingerichtet..

Nach dem Krieg werden die Schützen wieder zugelassen, zunächst ohne Gewehre. Die Schützenfeste werden wieder gefeiert. Heute zählt die Interessengemeinschaft Düsseldorfer Schützenvereine (IGDS) 43 Vereine, die sich um Brauchtum und soziale Dienste in Düsseldorf verdient machen.

Turniere zur Fürsten-Hochzeit in Düsseldorf 1585

Im Juni 1585 heiratet Herzog Johann Wilhelm von Jülich-Kleve-Berg in seiner Hauptstadt Düsseldorf die junge Markgräfin Jakobe von Baden. Die Hochzeit wird mit großem Pomp gefeiert. Aus ganz Deutschland und den umliegenden Ländern ist der Adel vertreten. Die Düsseldorfer Bevölkerung feiert mit. Später geht die kinderlose Ehe durch die Geisteskrankheit des Fürsten und den gewaltsamen, nie aufgeklärten Tod der Fürstin 1597 frühzeitig dramatisch zu Ende.

Turniere zur Hochzeitsfeier

Anläßlich der Hochzeit werden Reiter-, Fuß- und Fechtturniere auf einem eigens aufgebauten Turnierplatz in Pempelfort, auf dem Markt und im Schloßhof durchgeführt. Hochzeit und Turniere werden vom Landschreiber Dietrich Graminäus und vom Kupferstecher Franz Hogenberg aufgezeichnet. Das kostbare Buch, die „Beschreibung der Fürstlichen Gülgischen Hochzeit 1585" ist im Besitz der Landes- und Universitätsbibliothek Düsseldorf. Für die Geschichte des Sports in der Stadt Düsseldorf ist das Buch sehr aufschlußreich, hält es doch sehr interessante Szenen der späten Turniere auf historischen Stadtansichten fest.

Der Turnierplatz in Pempelfort ist ein ca. 180 x 60 m großes, von Graben und Wall mit hohem Bretterzaun eingeschlossenes Gelände. Tribünen für die „Fürstlichen Personen, Frawen und Frewlin und Frauenzimmer", für das Schiedgericht und Stehplätze sind reihum angeordnet. In der Mitte des Turnierplatzes ist eine „Schranke" zu sehen. Sie trennt die Turnierenden beim „Rennen". Ebenso ist der Ring zu erkennen, nach dem mit einer Lanze „gestochen" wird. Das Turnier zieht sich über mehrere Tage hin und endet mit einer „Furia", einem unblutigen Kampf jeder gegen jeden. Dabei wird ein Feuerwerk auf der Schranke abgebrannt. Das Fechtturnier im Schloßhof am 19. Juni 1585 dauert solange bis „etliche mit blutigen Köpfen abgedankt und davon gezogen".das Fußturnier auf dem Markt zeigt - wie auch bei den anderen Turnieren üblich - einen festlichen Aufzug der „Gladiatoren", begleitet von Herolden, Trommlern und Musikern im Gefolge der Fürsten und Ritter. Es wird mit langen Säbeln gefochten.

Feuerwerk

Die dargestellten Turniere zur Fürstenhochzeit sind in erster Linie Prunkturniere, die mit einem Feuerwerk abschließen. Auf dem Rhein wird auf Flößen ein Prachtfeuerwerk mit Schaugefechten und allegorischen Figuren - u. a. mit dem Riesen Atlas, der die Erdkugel trägt - abgebrannt.

Turnen in Düsseldorf

Der erste Turnplatz der Rheinlande

Im Jahre 1811 gründet „Turnvater" Friedrich Ludwig Jahn (1778-1852) in Berlin auf der „Hasenheide" den ersten Turnplatz. Die Kunde vom „vaterländischen Turnen" verbreitet sich rasch in Deutschland.

1814 kommt Jahn nach Düsseldorf und trifft dort mit dem Direktor des Gymnasium, Kortüm, Professor Strack und dem Historiker Kohlrausch zu-

Fürstenhochzeit 1585 zu Düsseldorf. Feuerwerk am Ende des Fußballturniers auf dem Marktplatz.
(Universitäts- und Landesbibliothek Düsseldorf)

F. L. Jahn, Skizzen zur
Einrichtung des Düsseldorfer
Turnplatzes im Hofgarten 1815.

Leitfaden

für den

Turn-Unterricht

in

Volks- und Mittelschulen

von

A. Eichelsheim,
städtischem Turnlehrer zu Düsseldorf.

Mit 157 in den Text gedruckten Holzschnitten.

Düsseldorf
Druck und Verlag der L. Schwann'schen Verlagshandlung
1885.

Titelblatt von Moritz Eichelheims
„Turnunterricht" 1885

— 156 —

104. Desgl., wobei das linke (rechte) Kniegelenk und der rechte (linke) Unterarm einhängen. Der linke Arm behält entweder den Handhang oder giebt denselben auf. (Fig. 112.)
105. Im Querliegehang Wechsel des Kniehanges.
106. Desgl. des Handhanges.

§ 168. **Wechsel von Quer- und Seitliegehang**
an einem brust- oder schulterhohen Recke.

107. Im Querliegehang an dem linken (rechten) Kniegelenk (die linke (rechte) Hand vorn) ergreift bei gleichzeitiger Vierteldrehung des Körpers nach rechts (links) um d. Br. die rechte (linke) Hand jenseits die Stange mit Ristgriff. (Fig. 113.)
Die rückgängige Bewegung führt wieder den Querliegehang herbei.

§ 169. **Seitliegehang**
an einem brust- oder schulterhohen Recke.

108. Aus dem Seitstande bei Ristgriff der Hände Aufsprung in den Seitliegehang an dem linken (rechten) Kniegelenk außerhalb der Arme (Fig. 113). Das linke (rechte) Bein wird mit Hocken oder Spreizen von außen her auf die Stange gebracht.
109. Desgl. Seitliegehang am linken (rechten) Kniegelenk innerhalb der Arme. (Fig. 114.) Das linke (rechte) Bein wird entweder von außen her auf die Stange

Ausschnitt aus dem „Turnunterricht"
von Moritz Eichelheim.

18

sammen. Sie wollen einen Turnplatz nach dem Vorbild der Hasenheide anlegen. Unterstützt werden sie dabei vom Düsseldorfer Polizeipräsidenten Martin und vom Generalgouverneur Justus Gruner. Die Geldmittel werden genehmigt. Jahn selbst hat eine genaue Beschreibung und Skizzen für den Turnplatz (für etwa 100 Turner) geliefert: Springel, Barren, Schwingel, Schwebebaum, Recke, Klettergerüst, Vorrichtungen zum Gerwerfen (Speerwerfen) und Ziehen. Am 15. Mai 1815 wird dann zwischen dem Napoleonsberg und dem Clarissenkloster der Turnplatz im Hofgarten feierlich eröffnet.

Vorturner Christian Wilhelm Zernial

Als „Vorturner" wird auf Jahns Empfehlung der Primaner Christian Wilhelm Zernial (1798-1831) von Berlin nach Düsseldorf geschickt. Gegen Kost und Logis turnt er mit den Schülern des Gymnasiums. Die Turnstunden sind Mittwoch und Samstag nachmittags von 4 bis 7 Uhr. Nach dem Abitur verläßt er Düsseldorf, um in Berlin, Königsberg und Bonn Theologie zu studieren. Der Düsseldorfer Leutnant Wetschky übernimmt dann den Turnunterricht.

Bericht über das Turnen 1818

In seinem Bericht vom 15. März 1818 schreibt Gymnasial-Direktor Kortüm an die Königlich-Preußische Regierung über das Turnen: „Die Turnübungen, wie sie jetzt sind, mögen sich zunächst empfehlen, insofern Jünglinge aus den mittleren und gebildeten Ständen in ihnen eine Gelegenheit finden, ihrem Körper Stärke und Gewandtheit zu geben und durch sie sich vor der Flachheit zu schützen, die aus einer verzärtelten Erziehung nur zu oft hervorgeht."

Die „Turnsperre" in Düsseldorf (1820-1842)

Der Turnplatz wird 1820 wieder geschlossen, denn die Regierung verfügt eine Turnsperre, da in Mannheim der russische Komödienschreiber August von Kotzebue durch den Burschenschaftler und Turner Karl Sand ermordet wird. In den Verbotsjahren wird unter dem Decknamen „Gymnastik" in Düsseldorf privat geturnt.

Heinrich Heine und die Turner

„Harry" Heine kennt die Turner und Wilhelm Zernial. Er erwähnt ihn in seinem Spottgedicht „Wünnebergiade" 1815. Er selbst ist kein Turner. In Bonn und Göttingen, wo er Jura studiert, fechtet er und wandert gern („Harzreise"). Jahn, den „Barden" mit „Rauschebart", mag er nicht wegen seiner „Deutschtümmelei" und seines „Franzosenhasses".

Der Düsseldorfer Turnverein von 1847 (DTV)

Der Düsseldorfer Turnverein von 1847 ist die älteste turnerische und sportliche Vereinigung in Düsseldorf. Seine wechselvolle Geschichte verdient besondere Beachtung. Der Verein ist ein bedeutender kultureller und sozialer Faktor der vergangenen 150 Jahre im Leben der Stadt Düsseldorf.

Gründungszeit 1847-1856

Die erste Mitgliederliste des „Turnverein für Erwachsene", so nennt sich der Verein 1847, zählt 39 „unbescholtene Männer" auf. Der Verein ist grundsätzlich „für alle Stände" offen und demokratisch strukturiert. Zweck des Vereins ist die „Ausbildung der körperlichen Kräfte". Der Vorstand besteht aus fünf Personen. Der Jahresbeitrag beträgt einen Thaler. Es wird eifrig geturnt und auch die Geselligkeit kommt nicht zu kurz.

Bald wird der Verein in die politisch-revolutionären Ereignisse der 48er und 49er Jahre einbezogen. Er hält sich jedoch behutsam zurück, obwohl sein passives Mitglied, Lorenz Cantador, Chef der Bürgerwehr, die Turner aufruft „mit ganzer Kraft den anarchischen Bestrebungen von oben entgegen zu treten". Es kommt zu Hausdurchsuchungen bei den Turnern, die sich jetzt „Turngemeinde" nennen. Diese wird 1851 von den Polizeibehörden „wegen staatsgefährdeter Zwecke" geschlossen.

Kurze Zeit später beschließen 20 ehemalige Mitglieder die Gründung des „Düsseldorfer Turnvereins", dessen Statuten strengste Neutralität zum Ausdruck bringen. Es wird in verschiedenen Lokalen geturnt. Düsseldorfer Maler (u.a. Overbeck, Koller, Salentin, Seel) schließen sich dem Verein an. Sie wechseln später zum Verein „Malkasten", gegründet 1848, über. Wegen mangelnden Zuspruchs muß jedoch das Turnen 1856 eingestellt werden.

Das Turnen im Zeichen des Nationalstaates (1859-1918)

Diese Epoche steht im Zeichen der nationalen Bestrebungen. Die früher eher aufmüpfigen Turner - einige sind inzwischen nach Amerika ausgewandert - sind „staatstreu" geworden.

In Düsseldorf wird in den Tanzsälen von Gastwirtschaften geturnt, bis endlich 1875 die städtische Turnhalle in der Bleichstraße zur Verfügung steht. Immer wieder kommt es zu Absplitterungen. So bildet sich neben dem DTV im Jahre 1864 der Turnverein „Eintracht", der drei Jahre später wieder zurück kommt, und 1869 gründet sich ein „Männerturnverein". 1877 verläßt Turnwart Malo den Verein und begründet den „Allgemeinen Turnverein". Unabhängig vom DTV bilden sich in den 80er und 90er Jahren weitere Turnvereine in Düsseldorf. 1893 werden Turn-Spiele und 1897 wird das Frauenturnen in das Programm des Vereins aufgenommen, 1907 Fußball, 1912 Tennis und eine Fechtabteilung wird ins Leben gerufen, desgleichen 1912 eine „Wasser-Riege" und 1914 eine Schwimmabteilung. Der Verein expandiert in dieser Zeit.Der 1. Weltkrieg fordert von den 734 Turnern „im Felde" 101 Tote.

Pluralismus in der Weimarer Zeit (1919-1933)

Die Entwicklung des Sports in Düsseldorf setzt neue Akzente im Turnen. Das Angebot von Bewegungsaktivitäten ist vielfältiger geworden. Am 2. August 1919 vereinigen sich in der Tonhalle der DTV mit dem Düsseldorfer Sportverein von 1904 zum „Düsseldorfer Turn- und Sportverein von 1847" (DTSV). Neue Sportarten wie Fußball, Hockey, Leichtathletik, Boxen und ab 1923 Handball kommen hinzu. „Der Zweck des Vereins ist, Gelegenheit zur Ausübung sämtlicher Leibesübungen zu geben als ein Mittel zu körperlicher und sittlicher Kräftigung und damit die Pflege deutschen Volksbewußtseins und vaterländische Gesinnung zu verbinden". Die Vereinsfarben sind schwarz-rot-grün. Sportliche Begegnungen außerhalb der besetzten Rheinlande sind mit großen Schwierigkeiten verbunden. Auch die Turnhallen sind beschlagnahmt.

1923 kommt es durch die „reinliche Scheidung" zum Bruch zwischen der Deutschen Turnerschaft (DT) und den Sportverbänden. Sie wirkt sich auch auf dem DTSV aus. Der Verein zerfällt neben dem Stammverein DTV (Turnen) in mehrere Neugründungen, u.a. „Deutscher Sportclub Düsseldorf" und „Deutscher Fechtclub Düsseldorf". Die Zahl der Mitglieder geht dadurch auf 424 zurück, erhöht sich jedoch bald wieder auf 620. Die „Männerriege Jahn" wird 1925 gegründet. Anläßlich der GE-SO-LEI 1926 führt der DTV eine Muster-Turnstunde im Rheinstadion vor. Durch die Freigabe der Turnhallen und der Sportstätten im neuen Rheinstadion erhöhen sich die Aktivitäten beträchtlich.

Der DTV in der NS-Zeit (1933-1945)

„Gleichschaltung" und „Führerprinzip" bestimmen das Vereinsgeschehen 1933, als anstelle des demokratisch gewählten Turnrates und Vorsitzenden der „Vereinsführer" und die „berufenen" Turnratsmitglieder treten. Die turnerischen Aktivitäten gehen weiter, jetzt allerdings mehr im Sinne des „Wehrturnens". 1934 wird der Sportplatz an der Heinrichstraße in Betrieb genommen, ein Jahr später eine Kanu-Abteilung und eine „Schneeschuh-Riege" etabliert. Der 2. Weltkrieg fordert seine Opfer. 1943 wird die Turnhalle zerstört. Die turnfähigen Vereinsmitglieder sind im unsinnigen Krieg, der dem Verein 69 Vermißte und 27 Tote kostet.

Der Turnplatz und das Turnerheim im Flingerbroich bieten ein trauriges Bild der Zerstörung. Aber man geht an den Wiederaufbau heran, jetzt am Staufenplatz. Der Übungsbetrieb beginnt wieder. 1947 wird das 100jährige Bestehen im Parktheater in Gerresheim bescheiden gefeiert, wozu wegen der damaligen schwierigen Wirtschaftslage große Hindernisse zu überwinden sind.

1952 zählt der Verein wieder über 500 Mitglieder. Die turnerischen Leistungen können sich sehen lassen. 1967 und 1968 wird die Mannschaft des DTV „Deutscher Turnvereinsgruppenmeister", einem auf Vielseitigkeit ausgerichteten gemischten Gruppenwettbewerb des Deutschen Turnerbundes. An den Deutschen Turnfesten nehmen die Vereinsmitglieder stets in großer Zahl teil.

Der Verein öffnet sich der Düsseldorfer Bevölkerung durch Jedermann-Turnen, Mutter und Kind-Turnen, Trimmwettbewerbe, Lauf-Treffs, ohne daß man Mitglied des Vereins sein muß. Neue Abteilungen bilden sich: Basketball, Faustball, Prellball. Auch das Wandern wird gepflegt. 1981 wird am Staufenplatz ein neues Vereinsheim errichtet. Am 15. Mai 1987 wird zum Gedenken des ersten Turnplatzes 1815 ein Gedenkstein im Hofgarten enthüllt. Die Mitglieder erhalten alle die Vereinszeitung, später die „Turnerkunde", die 1996 im 85. Jahrgang ist. 1997 wird der Verein sein 150jähriges Bestehen feiern.

Unzählige Mitglieder engagieren sich im Laufe der Zeit für ihren Verein. Stellvertretend sind hier zu nennen: Irmgard Foerster (+), die im Frauenturnen und in der Gymnastik Akzente setzt, Helmut Schulz, der Kinder und Mütter, Jung und Alt zum Turnen motiviert und darüber hinaus durch seine mitreißenden Lehrgänge, Mit-Mach-Aktionen und seine zahlreichen Bücher weitere Impulse in aller Welt setzt, sowie der unvergeßliche Siegfried Settgast (+ 1994), von 1957-1982 engagierter Vorsitzender, „Moderator" und „Historiker" des Vereins.

Gemeinsame Ferienaufenthalte und Exkursionen mit dem Fahrrad und zum Wintersport werden von den einzelnen Abteilungen des Großvereins unternommen. Geselligkeit, Vereinsfeste, Jugendfeten, Tanzveranstaltungen und soziale Aktivitäten kennzeichnen exemplarisch für viele andere Düsseldorfer Turn- und Sportvereine das Leben des 150jährigen Vereins, der immer aufgeschlossen, ideenreich und jung bleibt.

Turngau Düsseldorf

126 Jahre ist er alt, der Turngau Düsseldorf e.V.. Er geht zurück auf einen Zusammenschluß des Düsseldorfer Turnvereins von 1847 mit einigen Turnvereinen am 25. Mai 1870 zum Krefeld-Düsseldorfer Gau-Turnverband. Als sich im Laufe der Zeit sechs weitere Turnvereine in Düsseldorf bilden,

ist die Zeit gekommen, ein „Verband der Turnvereine Düsseldorfs" genau vor 100 Jahren am 1. Oktober 1896 zu gründen. Man könnte diesen Verband als Vorläufer des Stadtsportbundes Düsseldorf bezeichnen, denn damals gibt es hier nur Turnvereine. So dürfte der Stadtsportbund durch die Mitgliedschaft des Turngaues Düsseldorf in diesem Jahr nicht nur offiziell sein 50jähriges, sondern inoffiziell sein 100jähriges Bestehen feiern.

Bis zum Jahre 1911 kommen noch sieben weitere Vereine hinzu. Über den Zweck des Turngaus heißt es: „§ 1, Mittel und Wege zu suchen, welche geeignet sind, die Vereinsturnerei in Deutschland zu fördern und zu verbreiten und ihre Bestrebungen in alle Klassen der Bevölkerung hineinzutragen ...". Der Verband arbeitet zügig. 1898 findet ein Schauturnen mit 7000 Teilnehmern und Zuschauern statt. Die Ausrichtung des 5. Rheinischen Kreis-Turnfestes 1911 und die weiteren Gau-Turnfeste geschehen unter seiner Regie.

Dem Turngau Düsseldorf im Rheinischen Turnerbund des Deutschen Turnerbundes sind heute 76 Vereine in Düsseldorf, Neuss und Umgebung mit der beachtlichen Mitgliederzahl von 26000 Turnerinnen und Turner angeschlossen.

Das 5. Rheinische Kreis-Turnfest 1911 in Düsseldorf

Die größte Veranstaltung des Turngaues ist die Durchführung des 5. Rheinischen Kreis-Turnfestes vom 12.-14. August 1911 in Düsseldorf. Der Turnkreis umfaßt die zehn Turngaue des Aachener-, Niederheinischen- und Bergischen Landes mit insgesamt 510 Vereinen. Der Turnfestplatz befindet sich auf den Rheinwiesen an der Cecilienallee.

Bereits am Sonntag, dem 6. August findet eine Vorfeier statt mit einem Festzug vom Karlsplatz durch die Innenstadt zu den Rheinwiesen. Dort wird das Programm des Kreis-Turnfestes geprobt.Am Samstag, dem 12. August wird die Eröffnung des Turnfestes in der Städtischen Tonhalle zelebriert. Am Sonntagmorgen beginnen die Wettkämpfe für die Teilnehmer im Fünfkampf bereits um 7 Uhr , während die anderen zu den Festgottesdiensten eilen. Auf dem Turnfestplatz gibt es neben den turnerischen Darbietungen ab 10 Uhr Konzerte. Am frühen Nachmittag windet sich ein kilometerlanger Festzug durch die Stadt. Danach stehen allgemeine Freiübungen, das Turnen der Gaue, Musterriegen, Altersriegen, Frauenriegen, das Kürturnen und Turnspiele, Tauziehen, Fechten, Kugelstoßen, Dreisprung auf dem Programm. Der Tag geht mit Turnerball, Feuerwerk und Fackelschwingen zu Ende. Auch der Montag ist mit Turnen angefüllt. Es kommen die Schülerinnen und Schüler und die Soldaten. Das Programm umfaßt auch Eilbotenläufe, Ringen, Hochsprung, Diskuswurf, Turnspiele. Siegerehrungen, Schlußfeier und Festbälle beschließen das große Fest, unter dessen Eindruck ganz Düsseldorf drei Tage lang steht.

Allgemeiner Rather Turnverein 1877/90

Zwei Vereine, der Allgemeine Turnverein (1876) und der Rather Turnverein (1890) schließen sich 1973 zum Allgemeinen Rather Turnverein (ART) zusammen. Der rührige Verein ist im Rather Waldstadion zu Hause, das 1926 von Oberbürgermeister Dr. Lehr den Rather Vereinen übergeben wird. Die von J. Mühlenbach 1932 gegründete Mädchen-Turnabteilung ist der Anfang des Kinder-Turnens und Mutter-Kind-Turnens. Später wird es von Hermann Ohnesorge und dessen Schüler Helmut Schulz (DTV von 1847) systematisch ausgebaut, publiziert und zum Programm des Deutschen Turnerbundes (DTB) und Deutschen Sportbundes (DSB). Unter Leitung von Heinz Tepper ist der ART 77/90 einer der erfolgreichsten Düsseldorfer Vereine. Er stellt mit Ingrid Adam, Anne Griese, Holger Wanjelik, Stefan Grundmann, Frank Eickholt, Jussi Adelhoven, Georg von Schablowsky und Imram Sillah Deutsche Meister in der Leichtathletik, ebenso werden die Frauen Meisterinnen 1965, 1967, 1976 und 1977 im Basketball, während die Männer bereits 1956 die Deutsche Meisterschaft erspielen. Sogar dreizehnmal werden die Senioren III Deutsche Meister im Basketball.

Turn- und Sportgemeinde (TSG) Benrath 1881

Im Süden von Düsseldorf ist die agile Turn- und Sportgemeinde TSG Benrath 1881 zu Hause. Elf Abteilungen sind ihr angeschlossen: Badminton, Baseball, Faustball, Handball, Leichtathletik, Skisport, Tauchen, Tennis, Triathlon, Turnen, Voleyball sind Zeichen der Vielfalt des modernen Vereins. 1881 wird er von Karl Schneiders und Karl Kürten gegründet. Der Verein führt Gau-Turnfeste durch, frühzeitig wird die Damenriege gegründet und 1927 zum ersten Male, dann über viele Jahre die weitbekannte Benrather Schloßstaffel gelaufen. Die Faustballerinnen sind vielfache Deutsche Meister, die Handballer spielen in den Kreis- und Bezirksklassen und die Leichtathletikabteilung hat unter Trainer Perle so manches Talent heranreifen lassen. In der Senioren-Leichtathletik gibt es sogar eine Europameisterin: mit Ursula Hohenberg 1994 in Athen. Dreh- und Angelpunkt des Vereins ist der jetzige Ehrenvorsitzende Heinz Cremerius, der nach dem 2. Weltkrieg gemeinsam mit Walter Kolb u.a. den Deutschen Turnerbund wiederbegründet.

Turngemeinde (TG) 1881 Düsseldorf

Die Turngemeinde 1881 Düsseldorf ist aus dem Oberbilker Turnverein hervorgegangen, der am 20. November 1881 in der Gastwirtschaft Alex Schür gegründet wird. Elf Jahre später wird die Konkurrenz, die Oberbilker Turnerschaft, gegründet. Nach dem 1. Weltkrieg kommt es zur Fusion zur „Oberbilker Turn- und Sportgemeinde", der für kurze Zeit auch der

„Fußballclub Preußen" (heute FC Schwarz-Weiß 06) angehört. Seit 1931 wird der Vereinsname TG 1881 geführt. 1953/54 und 1969 entstehen die Sportanlagen und das Vereinshaus, herrlich gelegen im Volksgarten, heute Südpark. Nach dem 2. Weltkrieg zeigen als Vorsitzende Heinz Meusel und Heinz Hünsdorf und der jetzige Vorsitzende Heinz Jäckel beachtliches organisatorisches Geschick. Gymnastik wird seither im Verein groß geschrieben, ebenso Handball und Faustball. Engagiert ist der Verein im Jedermann-Sport. Der gemeinsame Lauf-Treff führt in verschiedenen Läufergruppen seit 1975 im Trimm-Trab durch den weitläufigen Südpark.

Schulturnen im Kaiserreich

Mit Adolf Spieß (1810-1858) beginnt das Schulturnen und zugleich das Mädchenturnen. Sein „Turnbuch für Schulen" gibt dazu die Anleitungen. Es sind Leibesübungen als Gelenkübungen und Ordnungsübungen, zumeist drillmäßiger Art. In Düsseldorf folgen zwei Turnlehrer seinen Spuren und begründen hier das Schulturnen.

Die Turnlehrer Wilhelmi und Eichelsheim

Der junge F. Wilhelmi absolviert bei Professor Spieß in Darmstadt seine Turnlehrerausbildung und arbeitet dann an verschiedenen Schulen in Deutschland, England, Frankreich und in der Schweiz, bevor er als städtischer Turnlehrer in Krefeld angestellt wird. 1867 wird das Turnen (zunächst fakultativ) an der Düsseldorfer Luisenschule von Direktor Dr. Victor Uellner eingeführt. Dieser beruft Wilhelmi zum Turnlehrer. Sein Unterricht findet Beifall, so daß er 1871 obligatorisch wird.

Moritz Eichelsheim (geb. 1839 in Diez an der Lahn) wird an der Zentralturnanstalt in Berlin ausgebildet. Er wird in Düsseldorf als städtischer Turnlehrer angestellt. Im Spieß'schen Sinne unterrichtet der spätere Oberturnlehrer mehr als 40 Jahre an den Düsseldorfer Schulen und manche Turnvereine verdanken ihre Existenz seiner engagierten Mitarbeit. Seine Aufmerksamkeit gilt auch dem Mädchenturnen. So unterrichtet er an der Luisenschule und an der Schuback'schen Mädchenschule. Er wirkt mit bei der Ausbildung zukünftiger Turnlehrer und Turnlehrerinnen. Noch im hohen Alter ist er 1911 beim Kreis-Turnfest in Düsseldorf in Ausschüssen tätig.

Beide Turnlehrer sind schriftstellerisch tätig. Davon zeugen ihre Bücher. Wilhelmi: Merkbuch für den Turnunterricht der Realschule, 2. Aufl. Crefeld 1866; Eichelsheim: Leitfaden für den Turn-Unterricht in Volks- und Mittelschulen, Schwann-Verlag, Düsseldorf 1885. In den Jahresprogrammen der Luisenschule schreiben sie „Über Mädchenturnen" (Wilhelmi 1868) und „Über weibliche Gymnastik" (Eichelsheim 1872). Sie setzen sich ein für „die Leibesübungen des weiblichen Geschlechts" und begründen diese mit den positiven Auswirkungen auf die Gesundheit, die Förderung der weiblichen Schönheit, Sicherheit, Gewandheit und Selbstbeherrschung - gegen „Magenschwäche", „Bleichsucht", „Schulterschiefheit", wie Eichelsheim meint. Die Übungen dienen „einer harmonischen Ausbildung von Körper und Geist".

Turnen in Düsseldorfer Schulen

Seit den 1860er Jahren wird in den Schulen regelmäßig geturnt. Weit verbreitet ist das Turnen nach der Spieß'schen Methode. Haltung, Zucht und Ordnung sind die „pädagogischen" Prinzipien des Schulturnens. Später wird der Turnunterricht durch die aufkommende Spiel- und Sportbewegung (Goßler'scher Spielerlaß 1882) aufgelockert.

Görres-Gymnasium

Die älteste Düsseldorfer Schule, das heutige Görres-Gymnasium, besteht seit 1545. Sein erster Rektor ist der Humanist Johannes Monheim, der in der Regierungszeit von Herzog Wilhelm des Reichen (1539-1592) diese Schule als „seminarium rei publicae" einrichtet. Später sind die Jesuiten die Schulleiter. Sie nehmen sich der körperlichen Übungen und der Spiele in der „recreatio" der Schüler an, wie es ihre Schulordnung vorsieht. Von größter Bedeutung ist die Einführung des Turnens 1815 durch die Einrichtung des Turnplatzes im Hofgarten, wo der Primaner und Schüler Friedrich Ludwig Jahns, Wilhelm Zernial, den ersten Unterricht im Turnen an dem nun Königlichen Gymnasium gibt. Erst seit den 60er Jahren des 19. Jahrhunderts wird der Turnunterricht obligatorisch. Die preußischen Turnlehrer werden in Kursen an der Zentralturnanstalt in Berlin ausgebildet. So kommen die ersten, ausgebildeten Turnlehrer auch an das Gymnasium in Düsseldorf.

Luisenschule

Die Mädchenschule wird von Direktor Uellner geleitet, als 1867 das Turnen in den Lehrplan der Schule aufgenommen wird (vgl. Wilhelmi, Eichelsheim). Der Turnunterricht der Lehrer steht immer unter Aufsicht einer „Anstandsdame". Ab 1876 unterrichten dann in Kursen ausgebildete Turnlehrerinnen. Die erste ist Klara von Heybowitz, die 1878 fest agestellt wird und bis 1910 - auch als Handarbeitslehrerin - unterrichtet. Marie Grosse, die von 1896 - 1913 auch privaten Turnunterricht anbietet (1 Mark pro Stunde), Emma Sundmacher, Alvine Trip, Katharina Großjohann, Anna von Petersdorff, Elisabeth Hartdegen, Emmy Steiner, Elvira Martin, Auguste Hilgers geben Turnunterricht in der Kaiserzeit, einige bis in die 1930er Jahre.

Turner des DTV von 1847 beim Deutschen Turnfest 1880 in Frankfurt am Main.

Emil Ferdinand Hartwich (1843-1886)

Initiator des „Centralvereins für Körperpflege in Volk und Schule" 1882

Zunächst wird in der städtischen Turnhalle in der Bleichstraße geturnt, dann in der neuen, allerdings sehr kleinen, von Eichelsheim konzipierten Turnhalle der Schule (17 x 9 m). Erst mit dem Umzug in die Bastionstraße 1907 verbessern sich die Hallenverhältnisse auf 276 qm. Der Unterricht entspricht den damaligen Richtlinien für das Mädchenturnen. Es gibt jedoch viele Eltern, die ihre Mädchen vom Turnen dispensieren lassen, weil sie den Sinn des Turnens und der Spiele nicht erfaßt haben.

Humboldt-Gymnasium

Vormals ist das Humboldt-Gymnasium die erste städtische Realschule. Bereits 1841 nimmt Leutnant a.D. Walter mit 50 Schülern den ersten fakultativen Turnunterricht auf. Danach übernehmen zwei Unteroffiziere das Turnen. Die Schüler mögen nicht das militärische Turnen. Ab 1849 turnt Dr. Schauensberg, ab 1853 Dr. Stammer mit den Schülern. Das klappt besser. Der Hof der Schule dient als Turnplatz. 1860 wird in der Schule ein „Turnzimmer" eingerichtet. Geräte für Turnplatz und -zimmer werden angeschafft: 2 Recke, 3 Barren, 1 Klettergerüst, 1 Querkopf, 1 Schwebebaum ... . Das Schwimmen wird 1863 eingeführt. 1872 wird unter Direktor Dr. Ostendorf das Turnen obligatorisch. Jetzt unterrichtet auch Eichelsheim an dieser Schule, zusätzlich zu seinem Turnunterricht an der Luisenschule und an den Volksschulen der Stadt. 1875 erhält die Schule eine neue Turnhalle (240 qm). Am 20./21. Juli 1876 wird der Turnunterricht von Professor Carl Philipp Euler, Direktor der Zentralturnanstalt in Berlin, visitiert. Sein Urteil fällt befriedigend aus. Auf seine Empfehlung hin wird 1877 ein Absolvent der Turnanstalt, Karl Streblow, als Turnlehrer angestellt. Der Goßler`sche Spielerlaß 1882 gibt neuen Aufschwung. Spiele und Ganztags-Wanderungen in der Umgebung Düsseldorf und im Siebengebirge finden begeisterte Aufnahme. Eine Schülergruppe unternimmt eine Radwanderung über 95 km an einem Tag. Unter Direktor Dr. Matthias wird die Schule zum Realgymnasium erhoben. Als 1887 Professor Euler wiederum den Turnunterricht inspiziert, äußert er sich sehr anerkennend über die Leistungen der Schüler.

Schülerturnvereine

1886 wird am neuen Realgymnasium der erste Schülerturnverein gegründet. Zehn Jahre später folgen das Königliche Gymnasium und die Oberrealschule. Der Verein tummelt sich in Spielen, Schwimmen, Tennis, Rudern, Leichtathletik und unternimmt Wanderungen und Radtouren. Bis zu 90 Mitglieder zählt der Verein. Das Leistungsprofil ist hoch. Die turnerischen und sportlichen Aktivitäten entspringen der eigenen Motivation.

Der Zentralverein für Körperpflege in Volk und Schule

Emil Ferdinand Hartwich (1843-1886)
- ein agiler Amtsrichter und Turner

Emil Ferdinand Hartwich wird am 9. Mai 1843 in Danzig als Sohn des späteren Reichseisenbahnpräsidenten Emil Hermann Hartwich geboren. In Berlin und Köln besucht er das Gymnasium, wo er eifrig turnt. Nach dem Abitur studiert er Jura in Heidelberg und Köln. Im Juli 1874 wird er Hilfsrichter und im Oktober 1879 Richter am Königlichen Amtsgericht in Düsseldorf. Verheiratet ist er mit Hero Jung, der Tochter eines Abgeordneten der Frankfurter Nationalversammlung 1848/49 und des preußischen Landtages. Vier Kinder entstammen der Ehe mit Hero.

Hartwich ist sehr interessiert an Reformbestrebungen auf dem Gebiet der Körpererziehung. Er schreibt eine Denkschrift „Woran wir leiden - Freie Betrachtungen und praktische Vorschläge über unsere moderne Geistes- und Körperpflege in Volk und Schule" (Düsseldorf 1881), die Anregungen für eine gesunde und sportliche Lebensweise und zur Reform des Turnens gibt. Innerhalb eines Jahres erscheinen drei Auflagen der Schrift. Hartwich hat die schnelle Entwicklung der Industrie an Rhein, Ruhr und Wupper miterlebt, die vor allem die Gesundheit der Bevölkerung bedroht.

Als „Alternative" entwickelt er seine Ideen, die am 6. März 1882 zur Gründung des „Centralvereins für Körperpflege in Volk und Schule" in der Düsseldorfer Tonhalle führen. Der Verein sollte aus sechs Abteilungen bestehen: 1. Turnabteilung, 2. Eislaufabteilung, 3. Abteilung für Spiele und Feste, 4. Abteilung für Baden, Schwimmen und Rudern, 5. Literarische Abteilung, 6. Medizinische Abteilung, die in dieser Form jedoch nicht zur Ausführung kommen. Die Gründung des Turnclubs 1881 Düsseldorf geht auf ihn zurück und im Düsseldorfer Ruder-Verein von 1880 und im Düsseldorfer Wanderbund ist er einer der Initiatoren. Er läßt eine Kunst-eisbahn anlegen. Die Stadt stellt eine vier Hektar große Wiese zur Verfügung und die Firma Poensgen stiftet die dazu notwendigen Röhren. Hartwich, ermuntert von der Regierung, hält Vorträge über sein Düsseldorfer Projekt, so in Witten, Barmen, Leipzig, Hagen, die 1884 von Moritz Eichelsheim herausgegeben werden.

Hartwich ist nicht nur Turner und Vereinsgründer, er ist zugleich auch Maler und ein guter Cellist. Noch mehr. Der lebenslustige Hartwich verliebt sich in die Frau seines Freundes Armand, Elisabeth von Ardenne. Während der Rittmeister nach Berlin abkommandiert wird, trifft er sich mit Elisabeth in seinem Maleratelier in der Leopoldstraße 21. Gemeinsam unternehmen sie Reit- und Wanderausflüge zum Benrather Schloß und feiern karnevalistischen Charaden im Malkasten. Der Freund in Berlin hört vom Treiben der beiden. Er fordert Ferdinand zum Duell. Es findet auf der Hasenheide in Berlin statt. Die erste Kugel trifft Hartwich tödlich. Stoff genug für Theodor Fontanes „Effi Briest"!

Die Spielbewegung beginnt

Die aufkommende Spielbewegung in Deutschland wird maßgeblich von Hartwich initiiert. So gründet 1882 der Arzt Ferdinand August Schmidt (1852-1929) mit Unterstützung Hartwichs den Bonner „Verein für Körperpflege in Volk und Schule". Gegenüber den taktmäßigen Frei- und Ordnungsübungen, setzt er sich - wie Hartwich - aus gesundheitlichen Gründen für natürliche, fließende Bewgungsformen ein. Laufen, Springen, Werfen, Schwimmen, Rudern, Wandern, freies Spielen in frischer Luft und bei Sonnenschein sind seine Intentionen, die er lebenslang in zahlreichen Schriften und Vorträgen zu propagieren nicht müde wird.

Indirekten Einfluß hat Hartwich auf den „Spielerlaß", genauer „Ministerial-Erlaß betreffend der Beschaffung der Turnplätze zur Förderung des Turnens im Freien und zur Belebung der Turnspiele" vom 27. Oktober 1882 des preußischen Kultusmimisters Gustav von Goßler. Die beiden treten in regen Gedankenaustausch. Der Erlaß des früher fleißigen Turners von Goßler wird jedoch in den Städten und Gemeinden nur zögernd umgesetzt.

Der preußische Landtagsabgeordnete Emil von Schenckendorff (1837-1915) setzt sich in Görlitz, dann in ganz Preußen für die Jugendspiele ein. Dazu gründet er nach Versuchen ab 1883 inGörlitz am 21. Mai 1891 in Berlin den „Zentralausschuß zur Förderung der Volks- und Jugendspiele", den er selbst über viele Jahre leitet. Hartwich hat dazu die Pionierarbeit geleistet.

In Düsseldorf wird nach dem Tode Hartwichs die Spielbewegung weiter ausgebaut. Die Turnvereine, besonders die TG 1881, und die Schulen bemühen sich um verstärkte Förderung der Spiele. Die Düsseldorfer Regierung erläßt im Nachgang zum Goßlerschen Spielerlaß eine „Specialverfügung", die"die Einübung von Turnspielen" vorsieht, desgleichen sollen „die Herren Inspektoren es zur Pflicht machen, bei Revisionen ...auf die Turnspiele ihre Aufmerksamkeit zu richten, und die Beschaffung zweckmäßiger Turn- und Spielplätze ... unausgesetzt im Auge zu behalten." Im „Leitfaden für den Turn-Unterricht" von 1885 des Düsseldorfer Oberturnlehrers Eichelsheim sind neben dem traditionellen Turnen auch Laufen, Springen, Werfen zu finden und für jeden Schülerjahrgang zahlreiche Spiele.

Hartwich-Zitate 1882

Was nun meine Wünsche bezüglich des Turnwesens betrifft, so möchte ich zunächst darauf hinweisen, daß die Turn h a l l e nur die Zufluchtsstätte gegen Regen, Sturm und Eis sein sollte.

Aber so oft nur im F r e i e n geturnt werden kann, sollte es geschehen und selbst wenn im Freien das Gerätturnen nicht mehr möglich ist, so ist doch nicht gesagt, daß keine freien S p i e l e u.dgl. mehr vorgenommen werden könnten.

Wir können ja unsere e i n h e i m i s c h e n S p i e l e neu beleben und weiter ausbilden.

In keiner deutschen Stadt, in keinem deutschen Dorf sollte es an einem geräumigen „Spielplatz", an einer großen „Schülerwiese" fehlen, die für alle Zeiten bestimmt wäre, der Jugend zu ihrem „Tummelplatz", zu ihrer Domäne zu dienen; ein ganzes Heer von Krankheiten wird die Menschheit verschonen und Millionen werden erspart werden.

Der F u ß b a l l aus England ist unterwegs, wir werden ihn auf unseren deutschen Spielplatz werfen, und wir sind überzeugt, er wird aufgenommen werden.

Pferdesport

Der Pferdesport hat eine lange Tradition und geht bis in die Frühzeit der Menschen zurück (Pferde- und Wagenrennen in Mesopotamien, Ägypten, in den Steppenlandschaften der Erde, bei den Olympischen Spielen der Antike, im Römerreich - Circus-Wagenrennen - Turniere im Mittelalter).

In Düsseldorf findet das erste offizielle Galopprennen vor 10 000 Zuschauern am 25. Mai 1836 auf der Golzheimer Heide statt. Es ist das erste Pferderennen in Westdeutschalnd. Zwischen 1836 und 1886 wechseln die Veranstaltungsorte: Golzheimer Heide, Benrather Heide, Bilker Busch, Golzheimer Insel, Kaiser-Wilhelm-Park (heute Rheinpark). Von 1886 bis 1905 werden die Rennen auf den Hammer Lausward-Wiesen durchgeführt. Dort sind Tribünen aus Holz aufgeschlagen. 1905 wird der Galopprennsport auf das Gelände der heutigen Rennbahn in Grafenberg verlegt.

Am Anfang des Vereinswesens steht der „Verein zur Aufmunterung der Pferdezucht in den Provinzen Westfalens und der Rheinlande". Pferde aus England werden dazu angeschafft. Die Grafen von Hatzfeld, von Goldstein, von Fürstenberg, Graf Spee u.a. veranstalten zunächst private Rennen. Um nach englischem Vorbild den Sport populär zu machen, werden Wetten abgeschlossen. Der „Verein für Pferderennen und Pferdezucht in Düsseldorf" mit einem „Comite" an der Spitze, besteht 1837. Das „Statut" des Vereins wird erst 1844 festgelegt. Der Verein nennt sich jetzt kurz „Düsseldorfer Reiterverein". Anfangs werden drei Renntage pro Jahr durchgeführt. Graf Edmund von Hatzfeld richtet eine „Trainer-Anstalt" ein (später Hatzfeld´sches Pferdeinstitut). Er besitzt auch die meisten Vereinsaktien. 1849 wird der Verein wieder aufgelöst.

Unter dem Herzog von Nassau von der Düsseldorfer Garnison sind die ersten Höhepunkte des Pferderennsports zu verzeichnen. 1883 wird der heutige Name „Düsseldorfer Reiter- und Rennverein (DRRV)" unter General von Versen aktenkundig gemacht. Bis auf den heutigen Tag werden regelmäßig - mit Unterbrechungen während der Weltkriege - bis zu 25 Renntage im Jahr veranstaltet. Die Rennen haben prominente Besucher zu verzeichnen, unter ihnen 1956 Sir Winston Churchill, dann die Bundespräsidenten Heinrich Lübke, Walter Scheel, Richard von Weizsäcker und ausländische Honorationen wie Prinz Aly Khan und die Maharina von Baroda. Der Galopprennsport in Düsseldorf hat sich im Laufe seiner Geschichte vom reinen Adeligensport zum sportlichen Großereignis für Jedermann entwickelt. Die Neubauten, die integrierte Golfanlage, die „Night of the Poems" mit Justus Frantz, die Freizeit-Messe erhöhen die Attraktion der Grafenberger Pferderennbahn.

In Düsseldorf und Umgebung gibt es außerdem zahlreiche Reiterhöfe. Dort wird fleißig voltigiert, geritten, und es werden kleinere Turniere veranstaltet. Das Dressur-Reiten findet Anklang. Annette Melaina Bins zählt zu den bekanntesten Dressur-Reiterinnen. In der Lünen´schen Gasse in Kalkum finden jährlich Wettbewerbe im Pferde-Polo statt, die vom Düsseldorfer Reit- und Polo-Club international veranstaltet werden.

Klaus Balkenhol, Polizei-Obermeister aus Düsseldorf, wird 1992 und 1996 mit dem Team der Dressur-Reiter Olympiasieger auf „Goldstern", ein Erfolg, über den man sich in der Landeshauptstadt besonders freut.

Tennis und Tennisturniere

Der erste Tennisplatz in Düsseldorf wird gegen Ende des 19. Jhs.bei Vossen an der Düsseldorfer Straße in Oberkassel angelegt. Auf ihm spielen in Düsseldorf beruflich tätige Engländer und Gymnasiasten.

Der Rochusclub Düsseldorfer Tennis-Club

Der bekannteste Düsseldorfer Tennisverein, der Rochus-Club, kennt keinen genauen Anfang. Erst am 8. Juli 1908 wird der Eintrag in das Vereinsregister vorgenommen. Nach mündlicher Überlieferung werden 1896 oder

1897 in der Nähe der Rochus-Kapelle von den Familien der Industriellen Poensgen, Deus und Feldmann zwei Plätze zum Tennisspielen errichtet. Im Volksmund werden daher die Tennisspieler „Rochus-Club" genannt. Diese richten bereits 1904 das erste „Allgemeine Turnier" aus. Seitdem findet jedes Jahr ein großes Tennisturnier statt. Der erste Tennislehrer ist Franz Erbe aus Berlin. Er erhält monatlich 300 Reichsmark. 1909 wechselt der Club in die Nähe des Zoos über. 10 Plätze und ein Clubhaus werden errichtet. 1929 erwirbt der Club am Rolander Weg das jetzige Gelände und baut 17 Plätze und ein Clubhaus. 1931 und 1936 werden vom Rochusclub die Davis-Cup Spiele ausgerichtet (Deutschland - Südafrika 0:5, Deutschland - Ungarn 5:0).

Im 2. Weltkrieg werden die Anlagen des Rochusclubs fast vollständig zerstört. 1949 wird die Tradition der internationalen Turniere wieder aufgenommen. Von 1952-1974 ist der Club zehnmal Ausrichter des Davis-Cups. Die hervorragende Ausrichtung liegt in den Händen des 1. Vorsitzenden Eduard Dörrenberg. Mit Horst Klosterkemper wird der internationale Turniersport verstärkt und professionalisiert. Der jetzige Vorsitzende Dr. Richard Beckers, seit 1962 Vorstandsmitglied, ist seit 1978 im Amt. 1977 werden ein Schwimmbad und ein Kinderspielplatz gebaut, 1982 die Tennishalle. Nations Cup (1978-1981) und World Team Cup (Offizielle Mannschafts-Weltmeisterschaft) sind ab 1982 die jährlichen Großereignisse in Düsseldorf.

Der Club spielt mit seiner 1. Damenmannschaft seit 1949 immer in den beiden obersten deutschen Tennisklassen. Sie wird mehrmals deutscher Meister und Vizemeister. Die Herren spielen seit 1991 in der Tennis-Bundesliga. Die 1. Seniorenmannschaft wird siebenmal Deutscher Mannschaftsmeister, fünfmal Europäischer und zweimal Internationaler Vereins-Weltmeister.

Unter den zahlreichen in Düsseldorf spielenden Tennis-Stars sind zu nennen: Gottfried von Gramm, Jaroslav Drobny, Rolf Göpfert, Gisela Hamann, Inge Pohmann, Helga Masthoff, Jean Borotra, Shirly Fry, Wilhelm Bungert, Christian Kuhnke, Björn Borg, Katja Ebbinghaus, Guillermo Vilas, Ivan Lendl, Manuel Orantes, John McEnroe, Henri Laconte, Stefan Edberg, Boris Becker, Carl-Uwe Steeb, Eric Jelen, Magnus Gustafsson, Pete Sampras, Michael Stich, Patrick Kühnen.

Andere Düsseldorfer Tennisvereine

1923 wird der Verband der Düsseldorfer Tennis-Clubs gegründet. Ihm gehören u.a. an der DSC von 1899, TC Blau-Schwarz 1904 und der TC Oberkassel. Heute gibt es 69 Tennisvereine bzw. Tennisabteilungen in Düsseldorf und Umgebung mit ca. 27 000 Mitgliedern. Zu ihnen zählt der TC Benrath 1912. Aus diesem Club nimmt in den 20er Jahren Änne Schneider

*Tennisstadion des Rochus-Clubs, in dem jährlich der
World-Champion-Team-Cup vergeben wird.*

Vesper auf dem Wasser.

*Walter von Diest und Ernst von Pfeffer (Düsseldorfer Ruderverein) rudern
1882 von Wiesbaden nach Antwerpen.
(Vesper auf dem Wasser; Zeichnung von Eckenbrecher, Düsseldorfer Malerschule)*

Fußballturnier Düsseldorfer Schulen (Foto: Horstmüller)

*Sport- und Spielfest der Düsseldorfer Schulen im
Universitätsstadion*

dreimal am Wimbledon-Turnier und an internationalen Turnieren in Frankreich teil. Sie ist mehrfache deutsche Seniorenmeisterin. Neuerdings erfährt der Club Auftrieb durch die Damen-Meisterinnen Geraldine Dondit, Claudia Franke, Stephanie Kovacic, Michaela Seibold und Sabine Hack. Die Düsseldorfer Tennisvereine verfügen über 484 Außen- und 50 Hallenplätze. Dazu kommen noch zahlreiche kommerzielle Angebote Kinder- und Jugendarbeit erfährt in den Vereinen kreative Förderung.

Zitate

„Die Tennisturnierspieler sind viel ernster geworden. Ihr Tennisspiel sieht nach Arbeit aus und scheint keinen Spaß mehr zu machen. Außerdem wirken alle Tennisspieler gleich, während in früheren Zeiten jeder eine eigene Persönlichkeit darstellte" (W. Bäumker 1970, Platzwart des Rochusclubs)

„... früher war alles viel persönlicher, familiärer, da wurde nicht so verbissen gekämpft ..." (Gisela Hertzfeld, Rochusclub, vielfache Tennismeisterin in den 30-60er Jahren)

Ernst Poensgen (1871-1949)

Generaldirektor der Vereinigten Stahlwerke Düsseldorf und Förderer des Düsseldorfer Sports.Vorsitzender des Rochusclubs 1907-1933. Um 1910 läßt er im Winter die Tennisplätze mit Röhren unter Wasser setzen, um darauf mit Schlittschuhen laufen zu können (Beginn des Eissports in Düsseldorf). Er ist maßgeblich beteiligt bei der Gründung des Düsseldorfer Hockey-Clubs (DHC) im Jahre 1905, den er über 32 Jahre leitet. Er ist 1906 Initiator des Skiclubs Düsseldorf und Vorsitzender beim Düsseldorfer Ruder-Verein (DRV), wo er bis ins hohe Alter im Skiff rudert. 1927 begründet er die Monatsblätter RuTeHo (Rudern-Tennis-Hockey), um „ein Gefühl der Zusammengehörigkeit unter den Vereinen in sportlicher und gesellschaftlicher Hinsicht zu wecken." Er veranlaßt auch den Bau des Eisstadions an der Brehmstraße. 1926 ist er beteiligt an der großen internationalen Ausstellung GESOLEI und setzt sich ein für die nationale und internationale Anerkennung der Leibesübungen. Die Stadt Düsseldorf ehrt seinen Namen mit der Ernst-Poensgen-Allee zwischen den Sportgelände des DTV von 1847 und des Rochusclubs.

Wassersport und Schwimmen

Düsseldorf, am Rhein gelegen, hat ein natürliches Verhältnis zum Wasser. Der Bootsverkehr auf dem Rhein ist seit den Kelten, Römern und Germanen auch eine „sportliche" Angelegenheit, denn Rudern und Segeln erfordern körperlichen Kräfteeinsatz. Baden und Schwimmen dienen nicht nur der Reinlichkeit, sondern auch dem Freizeitvergnügen.

Rudern

Der älteste, der Düsseldorfer Ruderverein (DRV) wird am 7. Mai 1880 gegründet. Er ist zugleich der älteste Sportverein in Düsseldorf. Ihm gehören Juristen, Offiziere, Künstler, Beamte, Kaufleute an. Der erste Vorsitzende ist der Kaufmann Hugo Erbslöh. Zu den Männern der ersten Stunde zählen Emil Ferdinand Hartwich und Wilhelm Wallrabe, später Ernst Poensgen, der lange Zeit als Vorsitzender fungiert. Das erste Bootshaus befindet sich im Sicherheitshafen an der Kunstakademie. Dann folgt die Gründung des Wassersportvereins Düsseldorfer Rudergesellschaft von 1893. 1904 wird der Ruderclub Germania gegründet und 1908 die Ruder-Gesellschaft Benrath. Die Rudergemeinschaft Gymnasium Gerresheim ist ein Schülersportverein, der seit 1965 aktiv rudert und es gibt eine Ruderriege des Geschwister-Scholl-Gymnasiums, beide vielfach erfolgreich im Wettbewerb „Jugend trainiert für Olympia".

Alle Vereine erzielen bedeutende sportliche Erfolge. So wird die Germania bei den Olympischen Spielen 1960 in Rom (Albaner See) mit der Mannschaft Obst, Lietz, Riekmann, Cintl, Effertz im Vierer mit Steuermann unter Trainer Dr. Dr. Theo Cohnen Olympiasieger. Klaus von Fersen erringt später die Silbermedaille bei den Europameisterschaften. Der spätere Präsident des Deutschen Ruderverbandes, Dr. Clauß Heß, errudert in verschiedenen Bootsgattungen über 80 Siege, darunter eine Europameisterschaft. Durch große Siege (Olympische Silbermedaille, Weltmeisterschaften usw.) machen in den letzten Jahren Colin von Ettingshausen und die Ruderinnen der Ruder-Gesellschaft Benrath auf sich aufmerksam.

Seit Beginn des sportlichen Ruderns findet das Wanderrudern großen Anklang. So fahren Walther von Diest und Ernst von Pfeffer 1882 den Rhein hinab von Wiesbaden nach Düsseldorf und weiter nach Antwerpen, beschrieben in dem Buch „Eine freie Rheinreise" (Düsseldorf 1883). Seitdem werden Jahr für Jahr Tausende von Kilometern auf Europas Flüssen mit dem Boot erwandert.

Einen besonderen Höhepunkt stellt seit 1972 die Marathon-Ruderregatta von Leverkusen nach Düsseldorf dar. Die Ruder-Gesellschaft Benrath nimmt jährlich auf der Themse am Head of the River Race mit dem englischen Partnerclub Gygnet London teil.

Kanusport (Kajak, Canadier, Paddeln)

Ein Dutzend Vereine sind in dieser Natursportart in Düsseldorf engagiert: Kajak-Club Düsseldorf-Hamm von 1923, Wassersportverein Rheintreue, Wikinger Kanufreunde Himmelgeist, Wasser Wanderer Düsseldorf, Wassersportverein Benrath, Düsseldorfer Paddlergilde, Düsseldorfer Kanu Club, Freie Wasserfahrer Düsseldorf, Kanu- und Yachtclub Düsseldorf, Kanu-Club Jan Wellem, Faltbootwanderer, und der Zusammenschluß der Kanu-Leistungssport-Gemeinschaft Düsseldorf 1970 e.V. als Bundesleistungszentrum.

Sportlich am erfolgreichsten ist der Kajak-Club Düsseldorf, der bei Welt- und Europameisterschaften 18 mal Gold, 9 mal Silber, 15 mal Bronze und bei Deutschen Meisterschaften allein 126 mal Gold, 119 mal Silber und 11 mal Bronze-Medaillen erkämpft. Es fängt im Verein ganz harmlos mit dem Kanusport an, bis ab 1962 mit der vielfachen Welt- und Europameisterin Bärbel Körner (+ 1978) die Ära des Leistungssports anbricht, gefolgt u.a. von den Weltmeistern Jörg Winfried und Rolf Kilian und bei den Senioren Dirk Druschke. Die Geschicke des Clubs liegen jetzt in den Händen der 1. Vorsitzenden Brigitte Schönwälder, eine der wenigen Düsseldorfer Frauen, die einen Sportverein leiten.

Der Kanu- und Yachtclub Düsseldorf hat bereits in den 20er und 30er Jahren mit Hans Rein einen erfolgreichen Deutschen Meister in seine Reihen. 1938 wird er Weltmeister in Stockholm.

Der WSV „Rheintreue" hat ebenfalls zahlreiche Meisterschaften aufzuweisen mit Anneliese Schmitz, Fritz Briel und dem Canadier-Olympiasieger Uli Eicke (1984 in Los Angeles). Bei den „Freien Wasserfahrern" dominieren im Wildwasser die Weltmeister Dagmar Volke-Stupp und Karin Wahl.

Segeln

Segeln in den verschiedenen Bootsklassen ist in Düsseldorf am Rhein und auf dem Unterbacher See ein beliebtes Freizeitsportvergnügen und ein anstrengender Wettbewerbssport. Aktivster Verein ist der 1908 gegründete Düsseldorfer Yachtclub DYC. Man beteiligt sich an zahlreichen Regatten und organisiert 1926 die Sternfahrt zur GESOLEI. In den letzten zwanzig Jahren ist die „Pinta" als Hochseesegler mit Willi Illbruck und seiner Crew das „Superboot" (jetzt professionaliert für Leverkusen startend). Erste Plätze auf der Kieler Woche und beim Admiral´s Cup kennzeichnen bis heute ihre Einsätze. Gezielte und attraktive Jugendarbeit garantiert auch weiterhin sportliche Erfolge. Von überregionaler Bedeutung ist die „Rheinwoche", die von den Düsseldorfer Seglern jährlich ausgerichtet wird.

Schwimmen

1898 wird der Schwimmverein Düsseldorf gegründet, der 1968 zusammen mit Poseidon 05, dem Schwimmverein 09, der Schwimmabteilung von TURU 1880 und der DJK SG Jan Wellem den „1. Schwimmclub Düsseldorf Jan Wellem 1898" bildet.

Bereits 1914 wird eine Damenabteilung ins Leben gerufen. In den 20er Jahren wird Hans Pielsticker Deutscher Meister im Mehrkampf, der kurioser Weise aus Kunstspringen, Streckentauchen und Kraulschwimmen besteht. In der Nachkriegszeit erringen Düsseldorfer Schwimmerinnen und Schwimmer zahlreiche regionale, nationale und internationale Titel und stellen Rekorde „am laufenden Band" auf. Birgit Klomp und die „Düsseldorfer Puten" (von 1954 bis 1963 Deutsche Mannschaftsmeisterinnen) trugen den Ruhm der Düsseldorfer Schwimmer in die Welt. Die Wasserballer des Vereins spielen mit wechselnden Erfolgen seit 1981 in den Bundesligen.

Die Spiel- und Sportvereinigung SSV „Freie Schwimmer" 1910 Düsseldorf zeichnet sich nicht nur durch Meisterschaften, sondern auch durch eine breite Palette an Kinder-, Erwachsenen- und Seniorenschwimmangeboten aus.

Angeln

Seit Jahrzehnten ist der Angelsport in heimischen Gewässern beliebt. Entspannung und Konzentration geben diesem Sport einen meditativen Anstrich. Es gibt in Düsseldorf 14 Angelsportvereine mit klangvollen Namen wie zum Beispiel „Gut Biß", „Hasseler Hechte" und natürlich „Petri Jünger" und „Petri Heil".

Die Deutsche Lebensrettungs-Gesellschaft (DLRG)

Nach verschiedenen Vorgängerinstitutionen wird in Düsseldorf die DLRG 1923 gegründet. Entlang des Rheines zwischen Benrath und Kaiserswerth hat die DLRG Düsseldorf fünf Landwachen installiert. 2400 Mitglieder, davon rund 100 aktive, zählt die DLRG - leider immer noch zu wenig, um ständig präsent und hilfsbereit zu sein, denn die Mitgliederbewegung ist seit Jahren rückläufig. Ehrenamtliche Mitarbeit wird leider immer schwieriger. Dagegen erfreut sich das von der DLRG traditionell durchgeführte Neujahrsschwimmen (1995 mit 312 Personen) einer größerer Beliebtheit, und im Winter veranstaltet die „Wasserwacht" des Deutschen Roten Kreuzes das „Eistauchen" im Elbsee.

Radfahren und Radsport

Radfahren

Karl Friedrich Drais von Sauerbronn (1785-1851) erfindet 1817 in Mannheim das erste Fahrrad, eine „Laufmaschine". Nach der Zeit des Experimentierens setzt das Fahrrad seinen Siegeszug fort bis hin zum Mountainbike unserer Zeit.

Wann das erste Fahrrad in Düsseldorf gesichtet wird, wissen wir nicht. So richtig populär wird es um 1900, als die ersten Radfahrervereine gegründet werden. Wird das Rad zunächst für gesellschaftliche „Ausfahrten" durch Düsseldorf und die nähere Umgebung genutzt, so dient es bald zum Vehikel, mit dem man schneller zur Arbeit, zum Einkaufen, in die Schule und in die nähere Umgebung gelangt. Das Rad wird zum „Alltagsrad", zum „City-Rad", zum Tourenrad, zum Sportrad. Jede zweite Person hat heute ein Fahrrad.

In Düsseldorf gibt es in der Innenstadt - trotz vieler Bemühungen - immer noch kein Radwegenetz. Die Radwege auf der KÖ und am Rheinufer zählen jedoch zu den schönsten im Lande. Die Außenbezirke sind - zumeist abseits vom Straßenlärm - besser mit Radwegen ausgestattet.

Um die Verbesserung der Situation des Radfahrens in der Stadt Düsseldorf bemühen sich der ADFC (Allgemeiner Deutscher Fahrrad-Club) die Stadtverwaltung und das Institut für Sportwissenschaft der Heinrich Heine-Universität Düsseldorf.

Radfahrervereine um 1900

Bis zum 1.Weltkrieg gibt es in Düsseldorf 19 Radfahrervereine. Die „Düsseldorpia" wird als erster 1890 gegründet. Die Vereine tragen klangvolle Namen wie „Blitz", „Adler", „Schwan", „Rheingold", „Venus", „Durch Wald und Feld", „Flottweg". Der Arbeiter-Radfahrerverein, der 1898 startet, nennt sich „Frisch Auf". Auch gibt es zwei Vereine für Radfahrerinnen, die „Germania" und „Edelweiß".

Rad-Club „Düsseldorpia" 1890

Am 28. Februar 1890 wird von 18 Düsseldorfer Bürgern der Rad-Club „Vorwärts" - so heißt zuerst die Düsseldorpia - im „Neuen Kessel" am Wehrhan gegründet. Die Vereinsmitglieder sind gut situiert, kostet doch damals ein Rad 250 bis 500 Goldmark. Der Verein bezweckt „die Förderung des Radfahrens durch Ausführung gemeinschaftlicher Ausflüge", so nach Langenfeld, Solingen und Kevelaer. Gesellschaftliche Unterhaltung, Wanderfahrten und „Lustbälle" stehen im Vordergrund der Aktivitäten des Vereins. Später folgen Straßenradrennen, z.B. Düsseldorf - Xanten - Düsseldorf.

1912 gewinnen Franz Suter das Radrennen Wien - Berlin und Jean Rosellen Basel - Kleve. In den 20er Jahren werden die Rennen „Durch die niederrheinische Tiefebene" (251 km) und „Rund ums Angertal" veranstaltet. Nach dem 2. Weltkrieg faßt der Verein erst 1955 durch Straßenrennen in Kaiserswerth wieder Tritt. Ralf Stambula ist in den 70er Jahren Düsseldorfs erfolgreichster Fahrer. Er wird Deutscher Meister. 1990 begeht der unter Leitung von Horst Drechsler stehende Verein sein 100jähriges Bestehen mit einem Festakt im Regierungspräsidium. Der Rad-Club bietet heute an: Radrennen, Radtouristik, Mountainbikerennen, Triathlon.

Radsportverein „Frisch Auf" (RKB Solidarität)

Dieser, 1898 gegründete Verein ist aus dem Arbeitersport hervorgegangen. 1933 von den Nazis verboten, wird er 1945 wiedergegründet. Seit seiner Frühzeit betreibt er als einziger Verein in Düsseldorf Radball. Er spielt in der Oberliga bzw. in der Verbandsliga. Im Vereinsangebot stehen weiter Kunstradfahren, Tourenfahren, Langsam- und Geschicklichkeitsfahren sowie Kegeln (Frauen). Der Verein gehört dem Arbeiter- Rad- und Kraftfahrerbund „Solidarität" an. Nach 1945 wird der Verein Deutscher Meister im Zweier- und Vierer-Gruppenfahren und im Radball sind die Gebrüder Giesen und später die Gebrüder Bellings erfolgreich. Der Junior Nico und sein Vater Klaus Wilbert sind heute Spezialisten im Einradfahren. Werner Schmitt, der Vereinsvorsitzende, ist Bundespokalsieger im Langsamfahren mit der Rekordzeit von 15,39 Minuten für die 75-Meter-Strecke.

Sportgemeinschaft „Radschläger" 1970

Die 1970 gegründeten „Radschläger" sind nicht allein auf den Radsport fixiert, sie spielen auch Badminton, Tischtennis, Volleyball und betätigen sich im Triathlon und in der Gymnastik. Treibender Motor des Vereins seit seiner Gründung ist das Ehepaar Helga und Kurt Spanihel, letzterer auch Bezirksvorsitzender des Bundes Deutscher Radfahrer (BDR). Der Radrennsport bildet den Schwerpunkt der Vereinsaktivitäten. In den 25 Jahren des Bestehens erringen die Radsportler des Vereins 92 Meistertitel, darunter drei Deutsche- und zwei Deutsche Pokalmeisterschaften. Eine besondere Bedeutung erfährt der Verein durch sein russisches Engagement, indem er eine russische Mannschaft aus Moskau als „Radschläger-Cycle-Team" starten läßt.

Rad-Renn-Sport-Verein „Jan Wellem"

Aus den Krisenjahren im Radrennsport vor 1970 in Düsseldorf ist neben den „Radschlägern" auch der RSV „Jan Wellem" hervorgegangen, dessen 1. Vorsitzender der Arzt Dr. Günther Kraheck wird. Er ist es auch, der vorher das Radrennen „Rund um die KÖ" inspiriert. Der Verein veranstal-

Radrennen „Rund um die Kö" 1993

Werner Schmitt, RMSV „Frischauf"
Deutscher Meister im Langsamfahren auf der 100-m-Strecke

RADBALL

RMSV „Frischauf" Düsseldorf

Radball beim RMSV „Frischauf" Düsseldorf

*Niko Wilbert, RMSV „Frischauf";
Weltmeister im Einradfahren*

tet Straßenrennen in Gerresheim und in Garath, sowie Radtouristik und Volksradfahren. Gymnastik und Kinderturnen runden das Programm des Vereins ab.

Weitere aktive Radsportvereine in Düsseldorf sind der Düsseldorfer Radsportverein 1911/12 und Rath/Ratingen 1951, letzterer veranstaltet 1972 das erste Volksradfahren vom Rheinstadion nach Angermund. Im Triathlon wird 1993 Otto Hoter von Rat/Ratingen Vizeweltmeister in seiner Altersklasse.

Radsportveranstaltungen in Düsseldorf

Seit vielen Jahren gibt es in Düsseldorf zahlreiche Straßen-Radrennen und in den 20er Jahren auf den damaligen Radrennbahnen in Niederkassel, im Ostpark und am (alten) Rheinstadion.

Am bekanntesten ist das seit 1968 in verschiedenen Klassen ausgerichtete, jährliche Radrennen „Rund um die KÖ" im Herzen der Landeshauptstadt. Diese Veranstaltung wird abwechselnd von den Düsseldorfer Radsportvereinen ausgerichtet und strahlt internationale Zugkraft aus. Seit dem ersten Rennen auf dem 80-Runden-Kurs (= 88 km) steht der Rekord auf 2:03,20 Stunden, aufgestellt von dem Holländer Jan van Katwyk vor dem Lokalmatador Udo Hempel. Hempel, der Nationalfahrer, siegt dafür 1970, 1972 und 1973. Ab 1994 steht im Rahmenprogramm ein Rollerskating-Wettbewerb.

Heinz Helfgen - ein Düsseldorfer Journalist radelt um die Welt

Einen Rekord besonderer Art schafft zwischen 1951 und 1953 der Düsseldorfer Journalist Heinz Helfgen: In 800 Tagen radelt er um die Welt. Aus dem Kriege heimgekehrt, findet er keine Arbeit. So entschließt er sich für die damalige Düsseldorfer Zeitung „Die Abendpost" eine Radtour rund um die Welt anzutreten. Die Route von Düsseldorf aus führt über den Balkan durch die Türkei, Syrien, Persien, Indien, Pakistan, Burma, Indochina, China, Japan, die USA, Kuba, Venezuela, Brasilien zurück nach Düsseldorf. Seine beeindruckenden Reiseerlebnisse hat er in den beiden Büchern „Ich radle um die Welt" (500 000 Exemplare) spannend geschildert.

Einst eine Leichtathletik-Hochburg

Seit Beginn des 20.Jahrhunderts findet die Leichtathletik in Düsseldorf regen Anklang, zuerst im DSC 99 und im Düsseldorfer Sportverein DSV 1904, bald danach beim DTV 1847, TURU 1880, im SC. Athen und im Sportverein „Hohenzollern", der sogar „Olympische Spiele" veranstaltet. Viele Wettkämpfe finden dann ab 1926 im (alten) Rheinstadion statt. Spitzenathleten wie der 9fache Goldmedaillengewinner Paavo Nurmi aus Finnland und der Rekordläufer Dr. Otto Peltzer gehen in den Mittel- und Langstreckenläufen in Düsseldorf an den Start. Ein weiterer Trainings- und Wettkampfplatz ist das 1930 errichtete Ernst-Poensgen-Stadion, wo auch Ernst-Poensgen-Spiele ausgerichtet werden. Die Vereine nehmen an den jährlich stattfindenden Staffelläufen „Quer durch Düsseldorf" und an der „Rheinstaffel" teil.

Leichtathletik-Sportfeste in Düsseldorf

Nach dem Zweiten Weltkrieg ist Düsseldorf Schauplatz von Deutschen Meisterschaften (1961, 1984 und 1990), dem Leichtathletik-Welt-Cup 1977 und mehreren Länderkämpfen.

Ein Beispiel: Am 16./17. August 1967 findet in Düsseldorf der Leichtathlek-Länderkampf Bundesrepublik Deutschland - Vereinigte Staaten von Amerika statt. Örtlicher Ausrichter ist der DSC und dessen 1. Vorsitzender Hanns Braun. Mit 100:132 Punkten verliert die deutsche Mannschaft, die jedoch durch Siege u.a. von Franz-Josef Kemper (800 m), Harald Norpoth (5000 m), Hermann Salomon (Speerwurf), Hein-Direk Neu (Diskuswurf) und Michael Sauer (Dreisprung) glänzt.

1977, 1978 und 1980 werden gut frequentierte Internationale Leichtathletik -Sportfeste im neuen Rheinstadion, und auf der Galopp-Rennbahn in Grafenberg werden 1977 die Weltmeisterschaften im Cross-Lauf ausgetragen.1988 ist das Rheinstadion Austragungsort des Leichtathletik Länderkampfes Bundesrepublik gegen Deutsche Demokratische Republik, der von der DDR gewonnen wird.

Der IAAF Leichtathletik World-Cup 1977

Düsseldorf erlebt 1977 im neuen Rheinstadion die Weltpremiere des Athletic-World-Cups. Die Organisation liegt in den Händen von LA-Präsident Prof. Dr. August Kirsch und der bewährten örtlichen Leitung von Sportamtsdirektor Karl-Theo Kels, Karl-Heinz Engels und Hans Joachim Weiß. Am Start sind die weltbesten Athletinnen und Athleten, so Edwin Moses und Harald Schmid über 400 m Hürden, Mike Boit (Kenia) und Alberto Juantorena (Kuba) über 800 m , Miruts Yifter (Äthiopien) über 5000m und 10000 m und bei den Frauen Ruth Fuchs (DDR) im Speerwurf, Ester Rot (Israel) im 100 m Hürdenlauf, Swetlana Kratschewskaja (UDSSR) im Kugelstoßen, Evelyn Ashford (USA) und Marlies Oelsner (DDR) über 100 m. Die Sportlerinnen und Sportler vertreten die Kontinente Afrika, Amerika, Asien, Europa, dazu Ozeanien und die drei größten Leichtathletikländer USA, DDR und Westdeutschland. Das großartige Sportfest endet mit dem Sieg der DDR (Männer) und dem Europa-Team der Frauen.

Weitspringer mit Sprunggewichten
(um 510 v. Chr., Hetjens Museum, Düsseldorf)

*Peter Bouschen, DJK-Agon 08 Düsseldorf;
Vielfacher Deutscher Meister im Drei-
sprung und Aktivensprecher der
Leichtathleten.*

*8 mal wurden die Basketballerinnen der DJK-Agon 08 Düsseldorf Deutsche Meisterinnen
(Foto: Gustav Schröder)*

48

Erfolgreiche Düsseldorfer Leichtathletinnen und -athleten

Düsseldorfer Vereine haben eine Reihe hervorragender Leichtathletinnen und -athleten hervorgebracht. Es sei erinnert an Maria Jeibmann, Deutsche Meisterin im 400-Meter-Lauf, Ingrid Adam als Geherin über 5000m und 10000 m, und an Gundula Ruhbaum (1968 Deutsche Jugendmeisterin über 400 m in der Halle) und Petra Kleinbrahm (TSG 1881 Benrath), die 1975 und 1976 Deutsche Jungend-Hallenmeisterin im 800 m Lauf wird. Peter Bouschen und Ralf Jaros von der DJK Agon 08 , mehrfache Deutsche Meister, dominieren im Dreisprung. So springt Peter Bouschen deutschen Rekord mit 17,43 m. Beim ART in Rath sind die Deutschen Meister Dirk Wippermann im Diskuswerfen und der Olympia-Vierte 1972 im Stabhochsprung, Reinhard Kuretzky, die erfolgreichen Leichtathleten. 1995 wird die 4 x 800 m Staffel des Vereins Deutscher Meister.

Herausragend: Sabine Everts

Die bedeutendste Leichtathletin Düsseldorfs ist jedoch Sabine Everts (LAV Düsseldorf bzw. DSC 99), die in ihrer erfolgreichen Zeit über 40 Meisterschaften in Mannschaftswettbewerben, im Weitsprung und vor allem im 7-Kampf der Frauen gewinnt. So wird sie 1979 im 5-Kampf und 1982 im Weitsprung (Halle) Europameisterin. Bei der Universiade 1983 wird sie Vizeweltmeisterin. Ihre sportliche Laufbahn krönt sie mit dem Gewinn der Bronze-Medaille bei den Olympischen Spielen 1984 in Los Angeles. Der Mädchen- und Frauengruppe um den Erfolgstrainer Wolfgang Vander gehört auch die Deutsche Meisterin Sabine Braun an, die im 7-Kampf den 6. Platz belegt. Sie wechselt später zu einem anderen Leichtathletikverein und wird 1991 Weltmeisterin und 1992 in Barcelona Olympia-Zweite. 1996 bei den Olympischen Spielen in Atlanta belegt sie im 7-Kampf den 7. Platz.

Senioren-Leichtathletik

In jüngster Zeit werden die älteren Leichtathleten und -athletinnen aktiv. So wird Jörg Wienke (TSG Benrath) im 110 m-Hürdenlauf in der Klasse M 30 Deutscher Meister. Die vielseitige Ursula Hohenberg (TSG Benrath) wird 1994 in Athen in der Klasse W 40 Europameisterin im Diskuswurf, Zweite im Kugelstoßen und im Hammerwurf belegt sie den 3. Platz. Danach wird sie Deutsche Meisterin in allen drei Disziplinen. Ihre Erfolgserie setzt sie fort, indem sie 1995 in Bufallo Senioren-Weltmeisterin im Diskuswerfen und Zweite im Kugelstoßen wird.

Probleme der Düsseldorfer Leichtathletik

Die Leichtathletik in Düsseldorf hat in den letzten Jahren erheblich an Erfolgen eingebüßt. Gute Leichtathleten und -athletinnen sind zu finanzkräftigen Vereinen abgewandert. Trotz Förderprogrammen mangelt es an Nachwuchs. Andere (Erlebnis-)Sportarten und der Spielsport finden größeren Anklang. „Laufen ohne zu schnaufen!" ist zur neuen Devise geworden. Beliebt ist aber der „Kö-Lauf", der sich aus dem „Brückenlauf" entwickelt hat.

Beliebteste Sportart: Fußball

Der Volkssport Nr. 1 in Europa, Fußball, erfreut sich in der Düsseldorfer Sportgeschichte und Gegenwart höchster Beliebtheit. Neben den vielen Fußballfans sind es die aktiven Fußballspieler und -spielerinnen, die die Szenerie des Fußballspiels prägen.

Im Jahre 1995 beteiligen sich am Spielbetrieb 230 Mannschaften in 73 Düsseldorfer Vereinen:

1 Mannschaft	1. Bundesliga
1 Mannschaft	Oberliga
2 Mannschaften	Verbandsliga
4 Mannschaften	Landesliga
14 Mannschaften	Bezirksliga
32 Mannschaften	Kreisliga A
32 Mannschaften	Kreisliga B
32 Mannschaften	Kreisliga C
32 Mannschaften	Kreisliga D
58 Mannschaften	AH/ Freizeit- und Breitensport
8 Mannschaften	Damen

Jugendfußball

Die Zukunft einer Sportart wird geprägt von ihrer Jugend. Das Fußballspiel ist unkompliziert und daher leicht zu spielen. Jugend F bis Jugend A (6 - 18 Jahre) gibt es in vielen Düsseldorfer Fußballvereinen. Sie spielen mit großer Begeisterung zusammen mit Kindern und Jugendlichen von ausländischen Familien. Vereine wie BV 04 und DJK Sparta Bilk führen seit vielen Jahren internationale Schüler- und Jugendfußballturniere durch und unternehmen Auslandsreisen zu Partnerclubs.

Frauenfußball

Seit der Einführung des Frauenfußballspiels 1970 gibt es in Düsseldorf engagierte „Mann"schaften im Fußball der Frauen, so in den vier Düsseldorfer Vereinen DJK TuS Rheinfranken, Lohauser Sportverein 1920, Sportclub 1920 Unterbach und Sportring Eller 1892. Die Kreisauswahl wird 1995 zum dritten Male Niederrheinmeister.

Fortuna Düsseldorf

Vor 1900 spielen englische Ingenieure und Gymnasiasten zuerst Fußball in Düsseldorf. Als erster Düsseldorfer Verein wird der DSC 99 im Fußball aktiv.

Der bekannteste Düsseldorfer Fußballverein ist die „Fortuna" 1895 (genauer: Düsseldorfer Turn- und Sportverein Fortuna 1895 e.V.), die 1919 aus dem Zusammenschluß des Turnvereins 1895 mit dem Fußballclub Fortuna 1911 entsteht. 1927 nimmt der Verein erstmals an der Endrunde um die Deutsche Meisterschaft teil. 1931 wird die Fortuna Westdeutscher Meister und am 11. Juni 1933 durch einen 3:0 Sieg über den FC Schalke 04 Deutscher Fußballmeister. 1936 unterliegen sie im Endspiel um die Deutsche Meisterschaft nur knapp mit 1:2 dem 1. FC Nürnberg. Paul Janes ist damals mit 71 Länderspielen Düsseldorfs Rekord-Internationaler Fußballspieler. In den 30er Jahren hat die Fortuna neben Fußball Abteilungen für Handball, Leichtathletik, Schwerathletik, Geländesport und sogar Rugby. So wird der unvergeßliche Georg Liebsch Weltmeister im Gewichtheben.

Nach dem Krieg nimmt die Fortuna 1947 in der Oberliga West den Spielbetrieb wieder auf. Ab 1963 spielt sie (zumeist) in der Bundesliga. Ihre bekanntesten Nationalspieler sind der Torwart Toni Turek und der unermüdlich Erich Juskowiak, sowie das Multi-Sport-Talent Matthias Mauritz und der spätere Nationaltrainer Jupp Derwall. Während bereits 1973 der VfL Benrath deutscher Fußball-Amateurmeister wird, gelingt diese Meisterschaft den Fortunen 1977. Nach fünf Endspielen um den DFB-Pokal wird die Mannschaft 1979 Deutscher Pokalsieger mit einem 1:0 Erfolg nach Verlängerung gegen Hertha BSC Berlin, dem im nächsten Jahr mit einem 2:1 gegen den 1. FC Köln der zweite Deutsche Pokalsieg folgt. Einzigartig im deutschen Fußball dürfte die Aufstiegsserie der Fortuna aus der Amateur-Oberliga 1994 in die 2. und 1995 in die 1. Bundesliga sein. Jetzt spielen sie wieder in der 2. Bundesliga.

„Alternativer Fußball" in Düsseldorf

Im Unterschied zum Vereinsfußball entwickelt sich in den letzten Jahren die „alternative" Fußballszene in Düsseldorf. Dabei hat diese eine noch ältere Tradition. 1902/1903 wird auf dem Fürstenplatz in regelrechten

Fußballhorden dem Lederball (oder auch ausgestopften Schweinsblasen) nachgejagt. Die Teams nennen sich „Avanti", „Knappsäck", „Kolvenbacher Club", die „Oberbilker". Sie bilden dann später eine Union. So entsteht „Turu Düsseldorf", die Turn- und Rasensportunion, hervorgegangen aus dem Turnverein 1880.

Heute tummeln sich vermehrt Hobby-Fußballmannschaften auf Düsseldorfer Rasen- und Hartplätzen im Rhein-, Nord- und Südpark, auf dem Gelände des Rheinstadions, im Schloßpark Eller und im Schloßpark Benrath. Sie „verwalten" sich selbst, sind unabhängig, die Regeln sind fließend. Sie geben sich klangvolle Namen wie FC Manuele, Bilker Galerie, Mutter Schmitz, Eller Schloßparkgurken, Partisan Bilk, Op de Eck, Flamingo, FC Krähenacker, Grashoppers Stockum, Arsenal Lohausen. Sie bilden eigene Ligen. Die Leistung wird relativiert. „Hauptsache Spaß beim Spiel und Geselligkeit" ist ihr Motto.

Schwerathletik, Boxen und Ringen

Der Repräsentant für diese Sportarten ist in Düsseldorf die „Turn- und Sportgemeinschaft (TuS) Gerresheim und Glashütte". Der Verein geht zurück auf die Gründung der Arbeiter des „Turnvereins der Gerresheimer Glashütte" im Jahre 1890. Zunächst stehen Turnen und Ringen, später Leichtathletik und Fußball auf dem Programm. Nach dem 1. Weltkrieg kommen Handball, Tennis und Schach dazu.

Nach 1945 wird in Gerresheim ein neuer Verein gegründet. Aus ehemals drei Vereinen, des „Turnverein der Gerresheimer Glashütte 1890", der „Freien Turnerschaft 1901" und „Rasensport 08" entsteht die heutige „Turn- und Sportgemeinschaft Gerresheim und Glashütte" mit dem Ziel „in Gerresheim einen Verein zu schaffen, der allen Bedürfnissen der Bevölkerung Rechnung trägt" (Festschrift 1948).

Schwerathletik

Von 1892 bis 1912 gibt es in Gerresheim noch den Kraftsportverein „Deutsche Eiche", der Schwerathletik betreibt. 1910 treten die meisten Schwerathleten zum Arbeiterturnverein „Freie Turnerschaft 1901" über. 1928 wird Paul Gundlach und 1930 wird Hans Oleynik zweiter Deutscher Meister. Nach 1945 sind in Düsseldorf „Germania 04", die „TuS Düsseldorf-Nord" und die „TuS Gerresheim und Glashütte" die Vereine, die im Gewichtheben (Kraftdreikampf, Bankdrücken und Gewichtheben) erfolgreich sind.

Boxen

Bei der TuS Gerresheim und Glashütte ist es das Boxidol Emil Swart - Deutscher Meister 1927 im Schwergewicht - , der nach dem 2. Weltkrieg den Boxsport in Düsseldorf wiederbelebt. Der spätere Vereinspräsident (über 35 Jahre), Kurt Burchardt, zählt damals zu den erfolgreichen Boxern. Im Verein wird in seinem Erziehungsprogramm großen Wert gelegt auf fairen Boxsport. Heute sieht der Verein seine Aufgabe in der sozialen Integration von ausländischen Mitbürgern. Er verfügt über ausgezeichnete Boxstaffeln mit türkischen und russischen Sportlern.

Lang ist die Liste der Meister, die aus der Boxabteilung des Vereins hervorgehen, wovon Deutsche Meister werden: Heinz Madaj (1954), Werner Schäfer (1970 und 1971), Stefan Böckstiegel (1979), Jörg Steege (1985) und 32 weitere zweite, dritte Deutsche Meister, sowie Westdeutsche-, Verbands- und Bezirksmeister bis hin zu Franz Sternberger (1993) und Ralf Krompaß (1994).

Erfolgreich ist auch der „Boxring Düsseldorf", Manfred Homberg wird 1957 und 1958 Europameister im Fliegengewicht und erkämpft mehrere Deutsche Meisterschaften unter Trainer Heese.

Ringen

Erfolge der Ringer in der Frühzeit der TuS werden in den 30er Jahren durch verschiedene Kreismeisterschaften gekrönt bis 1948 Helmut Brempel Landesmeister im Schwergewicht wird. Heute ringen die Gerresheimer in der Landesliga.

Golfen

Während das Golfspielen in seinen Herkunftsländern Schottland, Irland, England und USA eine alltägliche und selbstverständliche Sportart darstellt, muß der Golfsport in Deutschland manchen Kritiken bezüglich des Flächen- und Wasserverbrauchs, der Düngung und der hohen Beiträge begegnen. Inzwischen hat sich im Golfsport einiges geändert. Er ist offener geworden und unter ökologischen Gesichtspunkten werden die Golfanlagen bewirtschaftet.

Land- und Golfclub Düsseldorf - Golfclub Hubbelrath

Der Düsseldorfer Golf-Club entsteht 1961 in der Nähe von Hubbelrath auf einem ehemals landwirtschaftlich intensiv genutzten Gelände. Bis heute ist die Golfspielfläche zusammen mit dem gegenüberliegenden japanischen Golfplatz um das Dreifache gewachsen. Der Architekt der Anlage ist Dr.

Bernhard von Limburger, der die 18 Spielbahnen des Ostplatzes (Par 72) und die 1972 in Betrieb genommenen weiteren 18 Spielbahnen des Westplatzes (Par 66) harmonisch in die Landschaft einfügt. Erster Präsident ist Dr. Karlgustav Frenz. 1973 und 1977 werden in Hubbelrath die Offenen Meisterschaften von Deutschland ausgetragen. Achtmal ist der Golfclub Gastgeber der „German Open", bei denen bis zu 40 000 Zuschauer gezählt werden. Ständiger Gast ist der international erfolgreiche Golfer Bernhard Langer. Die Clubmannschaft gewinnt mehrmals den Clubpokal von Deutschland, die Deutsche Mannschaftsmeisterschaft der Amateure. Zwölfmal wird der inzwischen größte Golfclub Deutschlands NRW-Landesmeister.

Golfanlage auf der Lausward

Im Rheinbogen nordwestlich des Düsseldorfer Hafens befindet sich der Golfplatz Lausward. Er entsteht 1978 auf Anregung des ehemaligen Sportdezernenten Dr. Landwers und des Sportamtdirektors Kels. Die Anlage wird nicht privat genutzt. Sie ist für jeden gegen Entgelt zu bespielen. Der 9-Löcher-Golfplatz hat eine Golf-Lehr- und Lernanlage mit 22 Abschlagplätzen. Mehr als 30 000 Spieler und Spielerinnen nutzen jährlich die Golfanlage Lausward.

Bewegung und Sport auf dem Eis

Die Anfänge des Eissports in Düsseldorf gehen zurück ins vorige Jahrhundert. Der „Zentralverein für Körperpflege in Volk und Schule" (begründet von dem Düsseldorfer Amtsrichter Emil Ferdinand Hartwich) hat in den 80er Jahren mit Unterstützung der Fa. Poensgen-Röhrenwerke im Winter Wiesen am Stadtrand unter Wasser gesetzt. Auf den Eisflächen huldigen die Düsseldorfer dem Eislaufvergnügen und dem Eishockey nach eigenen Regeln.

Eisstadion und DEG

1935 baut dann der Verein „Freiluft- Kunsteisbahn e.V." das Düsseldorfer Eisstadion und am 8. November 1935 wird die DEG gegründet. Erster Vorsitzender wird Dr. Ernst Poensgen, der unermüdliche Moderator der Düsseldorfer Wirtschaft und des Sports. Werner Rittberger ist der erste Direktor des Eisstadions an der Brehmstraße. Olympiasieger Maxie Herber und Ernst Baier sind damals die ersten Stars der Düsseldorfer Eislaufszene. Drei Jahre später übernimmt die Stadt das Eistadion. Dieses erste Eisstadion in Westdeutschland zieht viele Eissportfreunde (Eiskunstlauf, Eishockey) an. Im Kriegsjahr 1944 wird es durch Bomben zerstört.

DEG-Fans

Empfang des vielfachen Deutschen Meisters DEG auf dem Marktplatz

oben: Ria und Paul Falk bei der Rückkehr vom Olymiasieg in Oslo 1952 auf der Gangway.

rechts: Eisprinzessinen

oben: Karate-Abteilung des ART 1877/90

unten: DHC-Hockey Spieler in Aktion

1949 beginnt der Wiederaufbau. Dann tummeln sich wieder Jung und Alt auf der Eisfläche. Renomierte Eiskunstläufer wie die Olympiasieger und Weltmeister Ria Baran und Paul Falk, Gundi Busch, Thilo Gutzeit, Klaus Grimmelt und Karin Gude sind hier zu Hause. 1955 wird das Eisstadion um eine zweite Eisfläche erweitert. 1969 folgt der Endausbau des international bedeutsamenen Eislaufzentrums. 1994 wird Tanja Szeczenko Dritte bei den Weltmeisterschaften und 1996 Sechste im Eiskunstlauf bei den Olympischen Winterspielen.

Aushängeschild Nr. 1 für den Düsseldorfer Eishockeysport sind die Cracks der DEG. Der achtfache Deutsche Meister (erstmals 1967, zuletzt 1997) zieht in der Eishockey-Saison viele Tausende von Fans an, die die Mannschaften - in Sieg und Niederlage - frenetisch anfeuern. Um den Nachwuchs für den Amateur- und Profisport kümmert sich die DEG-Nachwuchs-Förderung, die den Ruf als Eishockey-Hochburg am Rhein (neben dem Erzrivalen Köln), trotz gegenwärtiger Krise, festigt.

Sparkassen-Eissporthalle in Benrath

Zum 150jährigen Bestehen der Stadt-Sparkasse Düsseldorf stiftet sie in Benrath die „Sparkassen-Eissporthalle". Sie wird 1979 mit einer Eislauf-Gala unter Mitwirkung der sowjetischen Weltmeister Ludmila Belousova und Oleg Protopopov eröffnet. Die Halle, die vornehmlich dem Breiten- und Schulsport dient, wird seither von über 2 Millionen Eisläufern besucht. Die Eishockey-Clubs - zunächst die „Eisbären", jetzt die „Eisheiligen" - sind hier zu Hause. Eisstockschießen für Alle ist hier ebenfalls ein beliebter Sport.

Zitat
„So ist der Meister Düsseldorfer Eislauf Gemeinschaft mit allen seinen Eigentümlichkeiten ein Markenbegriff im Eishockey, der in dieser Form in der Welt einmalig ist." (Dr. Günther Sabetzki (Güsa), Präsident des Eishockey-Weltverbandes IIHF)

Arbeiter- Turn- und Sportvereine der 20er Jahre

Arbeiter- Turn- und Sportvereine haben in Düsseldorf seit der Gründung des Arbeiterturnverbandes (ATB, später ATSB) 1893 in Gera nicht so richtig Fuß gefaßt. Die Bevölkerung ist eher bürgerlichen Turn- und Sportvereinen zugetan. Die Arbeiter-Turner und Turnerinnen sind weniger am (Hoch)Leistungssport orientiert. Sie verfolgen politisch die Ziele der internationalen Arbeiterbewegung. Männer und Frauen, Jungen und Mädchen turnen und treiben Sport, wandern und zelten gemeinsam.

In Düsseldorf gehören zur Arbeiter- und Sportbewegung vor allem an: „Freie Turnerschaft Gerresheim 1901", die „Turn- und Sportvereinigung Düsseldorf 1895", die „Freien Wasserfahrer Düsseldorf 1921" in Volmerswerth und im Radsport ist der bekannte „Rad- und Motorsportverein Frisch Auf Düsseldorf" aus der Arbeiter-Radsport-Bewegung „Solidarität" hervorgegangen. Der ATSB und seine Vereine werden 1933 von den Nationalsozialisten verboten. Das plurale und demokratische Vereinswesen wird ausgeschaltet. Der ATSB ist nach 1945 nicht mehr ins Leben gerufen worden.

Freie Turnerschaft Gerresheim 1901

Sie steht ständig unter Polizeiaufsicht. 1911 hat der Verein 150 Mitglieder in einer Turnabteilung, in der Männer, Frauen, Jugendliche und Kinder turnen, eine Fußballabteilung und ein Tambourkorps. In der Zeit der Weimarer Republik nimmt der Verein einen großen Aufschwung. Handball und Leichtathletik werden zusätzlich gefördert. Die Fußballer des Vereins werden 1924, 1927 und 1928 Westdeutscher Meister im ATSB. 1924 und 1930 werden sie sogar Deutsche Vizemeister. Die Handballer des Vereins werden 1932 ATSB-Meister. (Vgl auch TUS Gerresheim und Glashütte)

TUS Düsseldorf 1895

Die TUS Düsseldorf 1895 entsteht 1919 aus der 1895 gegründeten „Arbeiter Turnerschaft Düsseldorf - Freier Turnerbund" und dem TV „Germania". Sie sind in Derendorf, Pempelfort und Golzheim beheimatet. 1920 schließt sich der Turnverein „Einigkeit" (gegründet 1905), 1922 der „Spielverein 1919 Oberbilk" und der „Spielverein Bilk" an. Es werden Abteilungen der TUS Düsseldorf 1895 in Wersten, Oberkassel und Flingern gebildet. Damals betreibt der 1400 Mitglieder zählende, vielfältige Verein Turnen, Leichtathletik, Faustball, Schwimmen, Handball und Fußball. Er veranstaltet in Düsseldorf mehrere große Turn- und Spielfeste. Ein Stromschwimmen im Rhein wird durchgeführt. Mitglieder des Vereins beteiligen sich am Arbeiter- Turn- und Sportfest 1922 in Leipzig. Fritz Beuter wird mit 1,75 m im Hochsprung erster Sieger. Auch bei der 1. Arbeiter-Olympiade 1925 in Frankfurt am Main ist man dabei und 1929 fährt man zum 2. Arbeiter- Turn- und Sportfest nach Nürnberg.

Christlicher Verein junger Menschen
CVJM - Eichenkreuz

Seit über 150 Jahren gibt es in Düsseldorf den CVJM, ursprünglich „Jüng-
lingsverein für Handwerker und junge Leute" genannt. Er wird 1845 in
einer Düsseldorfer Schusterstube von Pfarrer Karl Johann Krafft, dem
Schuhmachermeister David Bornemann, dem Kunstakademiedirektor Johann Wilhelm Schirmer und jungen evangelischen Männern begründet.1921
erfolgt der Zusammenschluß aller sportreibenden CVJM und 1925 wird
die Bezeichnung „Eichenkreuz" eingeführt. Für CVJM-Eichenkreuz ist
Sport Teil einer umfassenden menschlichen Bildung von Leib, Seele und
Geist auf der Basis der christlichen Botschaft (wie bei DJK-Deutsche Jugendkraft). Jugendspiel und Freizeitsport und Wandern sind Merkmale
des CVJM-Eichenkreuzes.

CVJM-Eichenkreuz in Düsseldorf

In den 20er Jahren werden in Düsseldorf mehrere Tagungen und Turnfe-
ste des Eichenkreuzes, so in Verbindung mit der GESOLEI 1926, durchgeführt. Von den Nationalsozialisten wird 1935 Eichenkreuz verboten. Nach
dem Krieg wird 1950 die Freizeit-Spiel- und Sportanlage mit Klubhaus an
der Altenbergstraße eingeweiht. Dort finden bis heute wöchentlich Spiel-
und Freizeitnachmittage für Jung und Alt statt. Basketball, Fußball, Tischtennis, Volleyball als Freizeitsport sind dabei in Düsseldorf sehr beliebt.

DJK-Sport in Düsseldorf

Die Zentrale des DJK-Sports in Deutschland

Der DJK-Sportverband (Deutsche Jugendkraft) ist ein Sportverband, der
im Deutschen Sportbund zu den Organisationen mit „besonderer Aufga-
benstellung" gehört. Er zählt heute 510 000 Mitglieder.

Hervorgegangen aus der katholischen Jugendbewegung, wird der Verband 1920 in Würzburg gegründet. Die Zentrale des Verbandes befindet
sich seit dieser Zeit in Düsseldorf. Der erste Vorsitzende und Generalpräses ist Prälat Carl Mosterts (+ 1926), ehemals Kaplan an verschiedenen
Düsseldorfer Pfarreien. Johannes Deutsch, Gewerbe- und Turnlehrer aus
Düsseldorf, leitet das Sportamt der DJK in der Schadowstraße, das dann
später nach Derendorf (heute Carl-Mosterts-Platz) umzieht. Nachfolger
von Mosterts wird Prälat Ludwig Wolker, der mit großem Engagement die
Katholische Jugendarbeit fördert. Der einflußreiche Mann im deutschen
Sport gehört 1950 zu den Begründern des Deutschen Sportbundes. Auf

Johannes Deutsch folgt Adalbert Probst als Reichsführer der DJK. Er wird 1934 von den Nationalsozialisten umgebracht.

Nach dem 2. Weltkrieg wird 1947 die DJK in Düsseldorf wiedergegründet. Ministerpräsident Dr. h.c. Karl Arnold ist ab 1954 bis zu seinem Tode auch Präsident der Deutschen Jugendkraft.Neben Prälat Wolker wirkt Wolfgang Massenkeil über 35 Jahre als Generalsekretär der DJK im Jugendhaus. Viele Impulse für den Sport in oekumenischer Gemeinschaft gehen von dieser Einrichtung aus, ebenso vom Arbeitskreis „Kirche und Sport" in der DJK-Zentrale, geprägt bis zur Gegenwart vom Wirken der Prälaten Bokler (+ 1974), Jakobi, Paas und ihren Mitarbeitern.

DJK-Sportfeste in Düsseldorf

Neben zahlreichen Verbandstagungen in Düsseldorf, die über die Arbeit und die Ziele der DJK zu befinden haben, gibt es hier zwei bedeutsame Sportfeste.

Im Mai 1921 findet in Düsseldorf das 1. Reichstreffen der DJK statt in Verbindung mit der Festwoche des Verbandes der Katholischen Jugend- und Jungmännervereine Deutschlands, der sein 25jähriges Jubiläum feiert. 1 300 Sportler und über 3 000 weitere Teilnehmer gehen im Festzug durch die Stadt. Die französische Besatzungsmacht begleitet den Festzug mit Panzern. Im DSC-Stadion wird der Festgottesdienst gefeiert. Sportlich werden die Kräfte gemessen im Turnen, in der Leichtathletik, im Schwimmen, beim Faustball- und Schlagballspiel und im Fußballspiel. Die Jugend wandert am letzten Tag ins Bergische Land und am Rhein entlang.

1965 ist in Düsseldorf das 5. DJK-Bundessportfest. Die 5 200 Teilnehmer tragen ihre Wettkämpfe in 17 Männer- und 11 Frauenwettbewerben im Rheinstadion und auf vielen Sportstätten der Stadt aus. Bundespräsident Professor Dr. Ludwig Erhard und Ministerpräsident Dr. Meyers sprechen zu den Teilnehmern und den zahlreichen Zuschauern. Im Stadion zelebriert der Apostolische Nuntius, Erzbischof Corado Bafile, den Festgottesdienst.

An Pfingsten 1997 ist das 13. DJK-Bundessportfest wieder in Düsseldorf. 7000 SportlerInnen nehmen daran teil. Das Motto lautet: „Sport + mehr". Am neugestalteten Rheinufer und auf dem Burgplatz bewegt sich die Düsseldorfer Bevölkerung begeistert mit bei Spiel und Sport.

Düsseldorfer DJK-Sportvereine

Düsselddorf als zentraler Sitz des DJK-Sportverbandes hat in seinen Ortsvereinen eine breite Basis, denn es existieren in der nordrhein-westfälischen Landeshauptstadt immerhin zwölf DJK-Vereine. Sieben Vereine sind sogar älter als der Verband: DJK Rheinland 05, DJK TUSA 06, DJK Agon

08, DJK TuS Rheinfranken 08, DJK Jugend Eller 1910, DJK Sparta Bilk 1913. Die Vereine sind vielseitig orientiert. Drei davon seien hier kurz vorgestellt:

DJK TUSA 06

1926 wird der Verein DJK Bundesmeister im Feldhandball. In den 60er Jahren wird die Tischtennismannschaft um Eberhard Schöler 5mal Deutscher Mannschafts- und Pokalmeister, Schöler selbst 13mal Deutscher Meister (Einzel und Doppel) und einmal Vizeweltmeister im Tischtennis. Thomas Hibbe ist 1979 Deutscher Jugend-Hallenmeister im 3000 m und Deutscher Jugendmeister im 5000 m-Lauf. Vom langjährigen Vereinsvorsitzenden Friedhelm Kückemanns gehen immer wieder neue Impulse für den Sport in Düsseldorf aus: Ski-, Jazz- und Konditionsgymnastik, Senioren- und Ehepaarturnen, Herz-Sport-Gruppen, Lauftreff. Seit vielen Jahren veranstaltet der rührige Fleher Verein im „Ludwig-Wolker-Stadion" ein internationales Osterturnier mit zahlreichen Jugendmannschaften.

DJK Agon 08

Zu den „Glanzlichtern" des Düsseldorfer Sports zählt die DJK Agon 08 in Morsenbroich. Die Gründung des Vereins geht ebenfalls auf Carl Mosterts zurück. 1924 wird Agon westdeutscher DJK-Fußballmeister. Nach dem Krieg ist es vor allem der erfolgreicher Sprinter und das spätere Mitglied des Sportausschusses des Stadtrates, Hans-Peter Thelen, der den Verein wieder in Schwung bringt. In der Leichtathletik erreicht der Verein seinen Höhepunkt mit dem Dreisprung-Dreigestirn, dem mehrfachen Deutschen Meister Peter Bouschen, Ralf Jaros und Michael Toschek, gut trainiert von Eckhard Hutt. Sehr erfolgreich sind die Basketballerinnen. Die von Walter und Mathilde Breuer aufgebaute und später von Tony Di Leo trainierten Basketballerinnen werden 13mal Deutsche Meister, 8mal Deutsche Pokalmeister und mehrmals stehen sie im Finalkampf um die Europameisterschaft. Jedes Jahr veranstaltet der Verein das „Ludwig-Wolker-Fußballturnier" mit großer regionaler Beteiligung.

DJK Sparta Bilk

In Bilk und Hamm ist ihre Heimat. Im Verlauf seiner Geschichte hat der Verein mehrere Fusionen mit anderen Ortsvereinen vollzogen, die sich auf die Leistungsfähigkeit auswirken. Im Faustball ist seit den 20er Jahren der Verein Spitze. Er spielt seit langem in den Bundesligen. Die internationale Jugendarbeit ist dem Verein ein besonderes Anliegen. In den Schüler- und Jugendmannschaften spielen viele Jungen aus anderen Ländern. Der Trainer selbst ist ghanaischer Stammeskönig. Sportliche Integration kommt auch zum Ausdruck bei den „Internationalen Willi-Stommel-Jugendspielen", die der Verein 1996 zum 30. Mal veranstaltet.

Sportvereine besonderer Art

Es gibt in Düsseldorf einige Sportvereine, die nicht in das Schema eines herkömmlichen Sportvereins passen. Sie betreiben zwar die gleichen Sportarten, sind aber gleichzeitig bestimmt von beruflichen Zusammenschlüssen. Im Post-, Eisenbahn- und Polizeisportverein sind - unabhängig vom Beruf - viele Düsseldorfer Mitglieder.

Betriebssportkreisverband BKV Düsseldorf

„40 Jahre besteht nunmehr der Betriebskreissportverband Düsseldorf. Er erfüllt seine wichtige Aufgabe, Mitarbeitern und Mitarbeiterinnen in Büros, Produktionsbetrieben und an den Bankschaltern zu einer gesunden Freizeitgestaltung zu verhelfen auch in der Zeit, in der allgemein über leere Kassen geklagt wird", schreibt der Vorsitzende des Stadtsportbundes Düsseldorf, Heinz Tepper, dem BKV, dem Dachverband der Düsseldorfer Betriebssportgemeinschaften, 1996 in das Jubiläumsheft.

In der Anfangszeit - ab 1955 - sind es vor allem Fußball-Rundenspiele der Betriebssportgemeinschaften (BSG), die ihre sportlichen Ambitionen in dieser Weise austragen. Später gesellen sich dazu: Tischtennis, Kegeln, Tennis, Bowling, Volleyball, Schach, Squash, Badminton, Wandern. Sie tragen dazu bei, die sportlichen und sozialen Kontakte in den Betrieben zu kultivieren.

Feuerwehr-Sportvereinigung Düsseldorf von 1958

Männer der Feuerwehr gelten allgemein als beherzt, schnell, kraftvoll und flink in ihrem Beruf. Sie treiben Sport, aber nicht nur ihres Berufes wegen, sondern aus Freude und Geselligkeit. Daher ist die Düsseldorfer Feuerwehr auch im sportlichen Wettkampf auf Draht. Zunächst schließen sie sich dem Turngau Düsseldorf an. Die Turner sind ohnehin historisch mit der Feuerwehr verwandt. Als die Turner im 19. Jh. zeitweise verboten sind, existierten sie als Turner-Feuerwehren weiter. Die Düsseldorfer Feuerwehrsportler werden im Faustballspiel wiederholt Deutscher Meister in den Altersklassen II und III. Weitere Sportarten wie Fußball, Tischtennis, Schießen, Leichtathletik, Judo und Schwimmen gehören zu ihrem Programm.

Eisenbahner-Sportverein „Blau-Weiß" 1926 Düsseldorf

Die Gründung des Vereins erfolgt 1926 im Wartesaal des alten Düsseldorfer Hauptbahnhofs als „Reichsbahn- Turn- und Sportverein". Die Leitung der Reichsbahn hat damals die Eisenbahner zu turnerischer und sportlicher Betätigung ermuntert. Im Flingerbroich wird auf einem zerklüfteten Gelände ein Sportplatz angelegt. Fußball, Turnen, Leichtathletik und später Tennis sind die beliebten Sportarten. 1947 wird der Verein umbe-

nannt in „Eisenbahner-Sportverein ESV Blau-Weiß 1926 e.V." und Tischtennis eingeführt, 1956 Sportkegeln. Bei den Schützen wird man Deutscher Altersklassenmeister. Heute zählt der Verein 723 Mitglieder.

Post-Sportverein Düsseldorf 1925

Wie die Reichsbahn, so legt auch die Reichspost in den 20er Jahren Wert
auf Turnen und Sport ihrer Beamten und Angestellten. Als Vorgänger des
Vereins gilt der 1906 gegründete „Turnverein der Post- und Telegraphen-
beamten". Der 1925 gegründete Verein nennt sich zunächst „Allgemeine
Sportvereinigung der Reichspost in Düsseldorf". Die Postler errichten 1928
ihr Stadion am Hellweg. Fußball, Turnen, Boxen, etwas später Leichtathletik, Faustball und Hockey bilden das Programm des Vereins. Es folgen
Schwerathletik, Handball und Schwimmen. Schon 1929 zählt man über
2000 Mitglieder, ein Zeichen für das vielfältige Sportangebot des Vereins,
das inzwischen noch Schießen, Wassersport und Wintersport umfaßt. Eine
Musikkapelle und eine Gesangsabteilung harmonisieren den Sportbetrieb.
   Nach dem Krieg wird zuerst das verwüstete Poststadion wiederherge-
stellt. Es folgen der Bau einer Turnhalle, Kegelbahnen, Judokampfstätte
und ein Klubhaus. Erfolge stellen sich ein: Im Tischtennis werden Diane
Schöler und Angela Wüstefeld mehrfach Deutsche Meisterinnen, ebenfalls sind die Sportschützen mehrfache Deutsche Meister. Im Boxen ist
Heini Heese 1938, 1939, 1944 Deutscher Meister im Leichtgewicht, Hans
Paffrath 1950 im Fliegengewicht. Ebenso sind in den 70er und 80er Jahren
die Judokas auf Landesebene erfolgreich. In der Leichtathletik sind Ferdi
Kisters, die Brüder Kättner, Gerda Hagen und Heinz-Jörg Markus durch
ihre Erfolge überzeugende SportlerInnen. Die von Heinz-Jörg Markus be-
treuten Schüler- und Jugendleichtathleten stellen ein beachtliches leicht-
athletisches Potential dar. Die Rugbymannschaft (Dragons) bereichert den
Düsseldorfer Sport. Breiten- und Freizeitsport und auch der Behindertensport profilieren den von Heinz Schönwalder und Karlheinz Meyer mu-
stergültig geleiteten PSV Düsseldorf mit seinen inzwischen 18 Abteilungen.

Polizeisportverein PSVgg Borussia 02 Düsseldorf

Der vielfältig orientierte Verein wird in seiner jetzigen Form zwar erst 1949
gegründet, hervorgegangen ist er aber aus dem 1902 gegründeten SC Grafenberg 02, der Fußballgesellschaft Borussia-Concordia 05 und dem Polizeisportverein 1926. Die Chronik des Vereins berichtet über viele erfolgreiche Aktivitäten der 11 Abteilungen, bei denen die polizeisportlichen
Elemente dominieren. Aus der Tischtennisabteilung des Vereins mit mehreren Deutschen Meistern ist der neue TTC Borussia Düsseldorf hervorgegangen. Dieser Profi-Club hätte der Gemeinützigkeit des Vereins Schwie-

rigkeiten bereitet. Eine Besonderheit des Vereins stellen die Polizeisportfeste und die Polizei-Sportschau im Rheinstadion und in der Philippshalle dar.

Klaus Balkenhol, Düsseldorfs Olympiasieger (PSVgg Düsseldorf)
Erfolgreiches Mitglied des Vereins ist der Polizeiobermeister Klaus Balkenhol. Bereits 1979 Deutscher Vizemeister auf „Rabauke" in der Dressur, gewinnt der der Polizei-Reiterstaffel-Düsseldorf angehörige Balkenhol zahlreiche Titel, die gekrönt werden 1992 mit der Goldmedaille im Dressur-Mannschaftswettbewerb und der Bronze-Medaille in der Einzel-Dressur der Olympischen Spiele von Barcelona. 1996 gewinnt er ebenfalls in der Mannschafts-Dressur auf „Goldstern" Olympia-Gold.

Leibesübungen auf der „GESOLEI" 1926

Die Ausstellung

Vom Mai bis Oktober 1926 findet die große deutsche Ausstellung GESOLEI in Düsseldorf zwischen Altstadt und Rheinstadion statt. Der Name GE-SO-LEI bedeutet, Ausstellung für „Gesundheitspflege", „Soziale Fürsorge" und „Leibesübungen". Mehr als 7,5 Millionen Besucher zählt die GESOLEI. Eigens werden für die Ausstellung Gebäude, Hallen, Zelte und Plätze errichtet. Heute zeugen noch die Gebäude des von Professor Wilhelm Kreis entworfenen Ehrenhofes und die Tonhalle (ehem. Planetarium) von der Bedeutung dieser einmaligen Ausstellung. Das 400 Veranstaltungen umfassende Programm der GESOLEI bietet täglich Vorträge, Vorführungen, kulturelle, gesellschaftliche und soziale Aktivitäten, zu denen auch die „Leibesübungen" (Sport) zählen. Vorsitzender Direktor der GESOLEI ist der Generaldirektor der Vereinigten Stahlwerke, Ernst Poensgen, dem der Sport in Düsseldorf viele Impulse verdankt. Bedingt durch die zeitlichen Verhältnisse, hat die GESOLEI einen sehr starken patriotisch-nationalen Charakter.

Die Leibesübungen auf der GESOLEI

Was die Leibesübungen anbetrifft, so finden sich in der Ausstellung folgende Bereiche vertreten:

Wissenschaftliche Grundlagen:

» Geschichte der Leibesübungen, des Turnens und des Sports

» Sportlaboratorium in Einrichtung und Betrieb

» Anatomie

- » Biometrie
- » Typologie
- » Sportphysiologie
- » Sportpsychologie
- » Massage
- » Sportärztlicher Dienst
- » Berücksichtigung der Leibesübungen im Lehrplan.

Künste:

- » Leibesübungen in ihrer Beziehung zur Kunst, und die Kunst im Dienste der Leibesübungen
- » Sportpreise
- » Sportplaketten
- » Sportplakate
- » Sportgraphiken
- » Sportmalereien

Anlagen zur Förderung der Leibesübungen:

- » Sportplätze
- » Sporthallen
- » Spielplätze
- » Turnhallen
- » Schwimmhalle
- » Stadien
- » Wintersportanlagen

Leibesübungen und Turnen:

- » Schulturnen
- » orthopädisches Turnen
- » Leichtathletik
- » Gymnastik
- » Fechten
- » Boxen
- » Schwerathletik
- » Jiu-Jitsu
- » Ringen

Ball- und Rasensport:

- » Fußball
- » Rugby
- » Handball
- » Faustball
- » Schlagball
- » Golf
- » Hockey
- » Tennis

Die Ausstellung zu den genannten Themenbereichen erfolgt in „Kojen", in denen sich die Turn- und Sportverbände vorstellen, u.a.: Deutsche Turnerschaft, Deutsche Jugendkraft, die Fechter, Boxer, Radsportler, Wassersportler, Wintersportler.

Es gibt zahlreiche turnerische und sportliche Veranstaltungen z.B. der Gymnastikschulen (62), der Turner (47, der Schüler an höheren Schulen (36), der Deutschen Jugendkraft (25), der Radfahrer (21), der Boxer (21) usw., sowie - als besondere Attraktion - der Deutschen Hochschule für Leibesübungen Berlin. Tagungen werden durchgeführt u.a. vom Deutschen Turnlehrerverein, der DLRG, der DJK, Eichenkreuz, ATSB, Deutscher Skiverband.

An größeren sportlichen Veranstaltungen während der GESOLEI sind zu nennen: Hockeyturniere, Reitturniere, Segel-, Ruder- und Kanuregatten, das Abendsportfest der Düsseldorfer Sportvereine, Tennisturnier, die deutsche Schwimm-Meisterschaften, das Fußball-Länderspiel Deutschland gegen Finnland, Fußball-Städtespiel Düsseldorf gegen Berlin.

Zitat:

„Die Leibesübungen spielen eine nicht unwesentliche Rolle in der Verbindung mit der Gesundheitspflege und der sozialen Fürsorge. Die Organisatoren der GESOLEI geben sich viel Mühe, das Programm der sportlichen Veranstaltungen abwechslungsreich und vielfältig zu gestalten, so daß die GESOLEI eine gute Werbung für alle Sportarten ist."(Claudia Simon, Examensarbeit 1984)

Sport in Düsseldorf zur NS-Zeit

Mit der Berufung Adolf Hitlers (1989-1945) am 30. Januar 1933 zum Reichskanzler durch den greisen Reichspräsidenten Paul von Hindenburg (1847-1934) und der „Machtergreifung" der Nationalsozialisten beginnt für die Sportverbände und -vereine eine Zeit der „Neuordnung". Speziell für die Turn- und Sportvereine der Arbeiter (ATSB), der Juden („Maccabi") und der konfessionellen Sportoragnisationen (DJK, Eichenkreuz) zeichnet sich eine Zeit der Verfolgung und Auflösung ab - auch in Düsseldorf.

Mit „Gleichschaltung" und „Führerprinzip" wird die „neue Ordnung" im Sport zu Ungunsten der seitherigen pluralen und demokratischen Satzungen der Vereine und Verbände manipuliert.Es wird ein „Reichssportführer", Hans von Tschammer und Osten, von Hitler eingesetzt, der diese Neuordnung bewerkstelligt. Viele Sportlerinnen und Sportler gehen mit der neuen Turn- und Sportbewegung konform. Sie wollen sich auch weiterhin sportlich betätigen (und -leider- weniger politisch reflektieren).

Die Turn- und Sportvereine müssen diese neue Einheitssatzung zur Grundlage ihrer Existenz machen. In dieser Satzung heißt es u.a.: § 2 Der Verein - die Gemeinschaft - bezweckt die leibliche und charakterliche Erziehung der Mitglieder im Geiste des Nationalsozialismus durch planmäßige Pflege der Leibesübungen. § 4,6 Mitglieder können nicht Personen sein, die nicht deutschen oder artverwandten Blutes oder solchem gleichgestellt sind. § 9 Die Geschäftsführung und Vertretung des Vereins - der Gemeinschaft - liegt in der Hand des Vereinsführers - Gemeinschaftsführers. Er ist Vorstand im Sinne des Vereinsrechts.

Gemessen an den pluralen, liberalen und demokratischen Vereinssatzungen der Weimarer Republik sind solche Satzungen in der NS-Zeit autoritär und signalisieren militante Formen. Die totale Auflösung der Sportvereinsjugend und die Integration in das „Jungvolk" ,die „Hitlerjugend"(HJ) und in den „Bund Deutscher Mädel" (BDM) wird bis spätestens 1938 vollzogen.

Düsseldorf und der Sport in der NS-Zeit

Wie im Reichsgebiet, so wird auch in Düsseldorf verfahren. Arbeiter- Turn- und Sportvereine werden bereits 1933 aufgelöst, die konfessionellen Sportvereine (DJK, Eichenkreuz, Maccabi) lösen sich 1935 auf, da sie keine Existenzgrundlage mehr haben.

Die Arbeitersportler werden von den Nationalsozialisten hart attakiert. Die Geschäftsräume im Metallarbeiter-Heim in der Duisburger Straße werden 1933 ausgeräumt. Das gesamte Hab und Gut, einschließlich der 1000bändigen Bibliothek, werden auf die Straße geschleppt und in Brand gesetzt. Die alten Traditionsfahnen der drei zusammengeschlossenen Vereine werden ebenfalls ein Raub der Flammen. Die verbotenen Arbeitersportler treffen sich noch im Versteck und bewahren ihren Gemeinschaftssinn.

In Düsseldorf wird das katholische Jugendhaus mehrmals durchsucht. Der Reichsführer der DJK, Adalbert Probst, wird in Braunlage verhaftet und am 1. Juli 1934 „auf der Flucht" erschossen. Prälat Ludwig Wolker, Generalpräses der DJK, verbringt drei Monate in Untersuchungshaft. Der spätere DJK-Vorsitzende, Franz Ballhorn, ist von 1940-1945 im Konzentrationslager Sachsenhausen inhaftiert. Er entkommt nur knapp dem Tode. Die Vereinsvermögen von DJK-TUSA 1910 (heute TUSA 06), DJK-Eintracht 06, DJK Sparta Bilk, DJK-Sportfreunde Gerresheim usw.werden beschlagnahmt und die Vereine aufgelöst.

In der Evangelischen Jugend und in dem Sportvereinswesen von „Eichenkreuz" ist eher eine Anpassung an das neue Regime zu konstatieren. Diese Anpassung macht sich schon äußerlich bemerkbar, da die Kleidung (Kluft, Uniform) die der Hitlerjugend ähnelt und manche Symbole der

Zeit übernommen werden (Hitlergruß). Zwischen den Anhängern der „Reichskirche" und der „Bekennenden Kirche" gibt es jedoch erhebliche, auch ideologische Unterschiede.

Resumé: Der Sport in Düsseldorf ist zum HJ-Sport geworden. Militärische Sportarten wie Geländemärsche, „Handgranatenwerfen", Hindernisturnen werden praktiziert. Die Vereine bestehen praktisch nicht mehr. Dokumente über den Sport in Düsseldorf sind im Krieg vernichtet worden oder spurlos „verschwunden".

Arno Breker

Zu den Günstlingen der NS-Machthaber gehört auch der in Düsseldorf und in Berlin wirkende Bildhauer Arno Breker (1900-1991). Breker hat in Berlin für das Gelände des Olympia-Stadions, in dem 1936 die Olympischen Spiele stattfinden, und für die Neue Reichskanzlei „heroische" Skulpturen nach antikem Vorbild geschaffen. „Die Nationalsozialisten hofften durch kopierenden Rückgriff auf edle Ebenmaße der griechischen Antike die ideologische Umschmelzung der Skulpturen zu germanischen Kämpfernaturen zu sanktionieren, die für eine braune Anthropologie benötigt wurden" (Hilmar Hoffmann: Mythos Olympia, Berlin 1993, S.31).

In Arno Brekers´ Sport-Skulpturen kommen solche nationalistischen Kulturideologien zum Ausdruck, so im „Zehnkämpfer", in der „Siegerin". In der militanten und muskelprotzigen „Bereitschaft" wird dem nationalsozialistischen Kriegsheldentum gefrönt und der „deutsche Übermensch" beschworen. „Schwert- Fackelträger" - man denkt unwillkürlich an den 1936 eingeführten olympischen Fackellauf - sind in dieser Zeit beliebte Motive Brekers. Für Hitler ist die Fackel Sinnbild für die „Partei", das Schwert für die „Wehrmacht". Kultur-Sport-Krieg verbinden sich somit zu einer unheiligen Allianz. Breker hat dann bis ins hohe Alter an ähnlichen SportlerInnen-Skulpturen gearbeitet, u.a. die Olympiasiegerin im Hochsprung Ulrike Meyfarth modelliert.

Das künstlerische Werk Brekers ist umstritten zwischen idealisierenden (Volker G. Probst u.a.) und gesellschaftlich-politischen (Hilmar Hoffmann u.a.) Interpretationen.

Zitat:

Wir Deutschen sind nicht jenes Volk von Übermenschen, vollendeter, leistungsfähiger, schöner und klüger als die anderen Völker. Geistige Überheblichkeit, von den Nazis geschickt genutzt und von Künstlern wie Arno Breker zelebriert, hat uns in die tiefste Katastrophe unserer Geschichte gestürzt, die 1936 schon begonnen hatte und die sich drei Jahre später unaufhaltsam beschleunigte. (Katarina Witt, Olympiasiegerin und Weltmeisterin im Eiskunstlauf.)

Der Wiederaufbau des Sports in Düsseldorf nach 1945

Düsseldorf nach dem 2. Weltkrieg

Während des 2. Weltkrieges werden auch in Düsseldorf die sportlichen Aktivitäten mehr und mehr eingeschränkt. In den letzten Kriegsjahren muß die Stadt über 200 Bombenangriffe über sich ergehen lassen. Viele Menschen sind im Krieg ums Leben gekommen, zahlreiche sind vermißt. Von den ehemals 540 000 Einwohnern leben nur noch knapp 200 000 in der Stadt. Die Menschen sind ausgemergelt und die spärlichen Lebensmittel gibt es nur auf Karten. Die Stadt ist ein riesiges Trümmerfeld. Am 17. April 1945 ziehen die Amerikaner in Düsseldorf ein, im Juni übernehmen die Engländer die Stadt.

Der Wiederaufbau des Sports in Düsseldorf beginnt

Auch zahlreiche Turn- und Sporthallen liegen in Trümmern, die Stadien und Sportplätze sind von Bombentrichtern durchwühlt. Gegen Jahresende und im Laufe des Jahres 1946 beginnen die Düsseldorfer Sportvereine mit den Aufräumungsarbeiten. Die Vereine müssen aber zuvor von den Besatzungsbehörden zugelassen werden. Die Alliierte Kontrollratdirektive 23 vom 17. Dezember 1945 behindert zunächst den Wiederaufbau. Nur auf Orts- bzw. Kreisebene sind die sportlichen Aktivitäten erlaubt.

Der populäre Düsseldorfer Sportjournalist Karl-Heinz Wanders berichtet über die schwere Zeit und die Not der Vereine nach dem Kriege: „Einen kleinen Lichtblick in jene finstere Tage vermittelte der Sport. Zunächst einmal durch die Fußballer und auch die Handballer, die gleich die Ärmel hochgekrempelt hatten, um ihre Anlagen wieder in Schuß zu bringen. Beim DSC 99 waren an der Windscheidstraße zwanzig Bombentrichter zuzukippen. Glücklicher war die Fortuna dran, deren Platz in Flingern von den Kriegeinwirkungen praktisch verschont war. Besetzt hatte ihn jedoch eine englische Einheit, die Royal Engineers, und es war strikt verboten, das Gelände zu betreten. Denn die Vereine belastete die vorherige Zwangsmitgliedschaft im Nationalsozialistischen Reichsbund für Leibesübungen. Die englischen Soldaten aus dem Mutterland des Sports drückten jedoch alle Augen zu. Fortuna trainierte und spielte auf verbotener Flur, brachte in zwei Spielen gegen die großzügigen Royal Engineers sogar 20 000 Zuschauer auf die Beine. ...“

In Düsseldorf wird am 19. Januar 1946 mit den vorhandenen Vereinen der „Ortsverband Düsseldorfer Sportvereine ODV" gegründet. Am 14. Oktober erfolgt beim Amtsgericht der Eintrag in das Vereinsregister. Vorsitzender des Geschäftsführenden Ausschusses wird der Kaufmann Heinrich Schlosser, dem Hans Wilcke und Wilhelm Bitter beistehen. Der ODV ist der Vorgänger des „Stadtsportbundes Düsseldorf SSD" (ab 1969)

Maßgeblichen Anteil am Wiederaufbau des Düsseldorfer Sports haben damals der DFB- Spielausschuß-Obmann Hans Körfer und der spätere Präsident des Eishockey-Weltverbandes, Dr. Günther Sabetzki, der ab dem 10. Februar 1946 die „Düsseldorfer Sport Vorschau" herausgibt. Die sportlichen Aktivitäten in Düsseldorf erfahren nicht nur durch den ODV großen Antrieb, sondern auch durch die Gründung des Landessportbundes Nordrhein-Westfalen 1946 und des Deutschen Sportbundes (DSB) 1950.

50 Jahre Stadtsportbund Düsseldorf (1946-1996)

Der Stadtsportbund Düsseldorf e.V. - kurz SSB genannt - ist die Gemeinschaft aller Sportvereine in der Stadt Düsseldorf. Er wird 1946 gegründet und vereint heute ca. 115 000 organisierte Sportlerinnen und Sportler in 375 Mitgliedsvereinen. Er ist somit die kommunale Dachorganisation der Sportselbstverwaltung. Der SSB ist parteipolitisch neutral und verfolgt ausschließlich und unmittelbar gemeinützige Zwecke. Seine Organe - Mitgliederversammlung, Hauptausschuß und Vorstand - arbeiten ehrenamtlich.

Stationen der Entwicklung des SSB:

1946: Am 19. Januar ist die Gründung des Ortsverbandes der Düsseldorfer Sportvereine(ODS)

» Am 14 Oktober wird die erste Satzung in das Vereinsregister eingetragen. Erster Vorsitzender des ODS ist der Düsseldorfer Kaufmann Heinrich Schlosser.

1951: Eine Düsseldorfer Sportdelegation - bestehend aus einer Fußball-Stadtauswahl und den Handball-Damen des Sportvereins 04 - fährt zur Eröffnung der Leipziger Messe. Diese Reise ist der Anfang für die nachfolgenden sportlichen Städte-Wettkämpfe.

» Der Postrat Dr. Eduard Tenfelde wird neuer Vorsitzender, Geschäftsführer Karl-Theo Kels von der DJK TUSA 06, dem späteren verdienstvollen Sportamtsdirektor der Stadt Düsseldorf.

» Silberjubiläum des Rheinstadions. Der ODS veranstaltet mit dem Sportamt eine große Sportschau. Gründung der „Düsseldorfer Sportwoche".

1952: Erste Vorschläge zum Bau einer Großsporthalle, leider bis heute nicht realisiert.

1954: Sportvergleichskampf Düsselorf - Gent. Der ODS fördert ab 1954 die „Rheinstaffel", die „Sportwochen" und weitere Städtewettkämpfe gegen Dresden und Berlin. Er übernimmt die Schirmherrschaft über die alljährlich im Sauerland stattfindenden Ski-Stadtmeisterschaft.

1963: Dr. Josef Krumeich vom DSC wird ODS-Vorsitzender.

1965: Dr. Tenfelde übernimmt erneut den Vorsitz. Georg Becker, Willi Eulenberg und Doris Mazany, Deutsche Meisterin im Sportschießen, werden in den Vorstand gewählt.

1969: Die Ära Tenfelde endet nach 18 Jahren. Kurt Bociek wird neuer Vorsitzender. Umbenennung des ODS in Stadtsportbund SSB.

1970: Doris Mazany nimmt ihre Tätigkeit in der Geschäftsstelle auf, die anfangs im Sportamt am Rheinstadion, dann in der Friedrichstraße und jetzt in der Kronenstraße im im Haus des Fußballverbandes Niederrhein eingerichtet ist

1971: Silberjubiläum des Stadtsportbundes Düsseldorf.

1973: Georg Becker übernimmt die SSB-Führung. Manfred Rademacher ist Geschäftsführer.

1979: Der SSB richtet eine Außenstelle des Bildungswerkes des Landessportbundes NRW in Düsseldorf ein mit Kursangeboten für Mutter-Kind-Turnen, Sport für Ältere usw..

1985: Als Nachfolger des an einer heimtückischen Krankheit gestorbenen, engagierten Georg Becker wird Josef Bowinkelmann zum Vorsitzenden gewählt. Das Bildungswerk wird um die „Gesundheitsorientierte Sportberatung" erweitert.

1988: Diplomsportlehrer Ulrich Wolter wird Hauptamtlicher Geschäftsführer des SSB. Er steigert die Leistungsfähigkeit des SSB auf allen Gebieten.

1989: Heinzotto Gladen wird Vorsitzender als Nachfolger des zum LSB NRW berufenen Josef Bowinkelmann. Sein Engagement gilt dem neuen Förderverein „Pro Sport Düsseldorf", der aucg die „Sport-Gala" ausrichtet.

1993: „Miss Stadtsportbund" Doris Mazany geht nach 28 Jahren unermüdlicher Tätigkeit in wohlverdienten Ruhestand.

1994: Heinz Tepper vom Allgemeinen Rather Turnverein wird zum Nachfolger des aus gesundheitlichen Gründen ausscheidenen Heinzotto Gladen gewählt.

1996: Der SSB feiert sein 50jähriges Jubiläum mit einem Festakt im Rathaus. Frau Oberbürgermeisterin Marlies Smeets gibt einen Empfang. Festredner ist Professor Dr. Heinz-Egon Rösch von der Heinrich-Heine Universität Düsseldorf.

Der Vorstand im Jubiläumsjahr:

Erster Vorsitzender:	Heinz Tepper
Stellvertretende Vorsitzende und Frauenbeauftragte:	Hannelore Köhler
Weitere Stellvertretende Vorsitzende:	Willi Eulenberg (seit 1965 im SSB tätig), Walter Kapp und Jochen Meißner.
Schatzmeister:	Dieter Münker
Vorsitzender der Sportjugend:	Daniel Berkenkemper
Geschäftsführer:	Ulrich Wolter

Aufgaben und Ziele des Stadtsportbundes Düsseldorf:

1. Sportliche Selbstverwaltung:

» Beratung der Vereine in organisatorischen, rechtliche und finanziellen Fragen

» Öffentlichkeitsarbeit für den Düsseldorfer Sport

» Dezentrale Lehrarbeit (Lizensausbildung für Übungs-Organisations- und Jugendleiter, Schulungen und Fortbildungen)

» Entwicklung eigener regionaler Programme in Abstimmung mit dem LSB NRW

» Sportliche Weiterbildungsangebote (Außenstelle des Bildungswerkes LSB - NRW)

» Dezentrale Organisation und Abwicklung der Sportabzeichenangelegenheiten

» Sport als Lebenshilfe (Einrichtung und Betreuung spezieller Angebote des Sports, Koronarsportgruppen, Resozialisation, Sport für ausländische Mitbürger u.a.m.)

» Förderung der Zusammenarbeit von Schule und Verein

» Zusammenarbeit mit der Sportjugend: Verwirklichung der Jugendordnung und gemeinsame Umsetzung der Sportjugend-Arbeitsprogramme (Sport mit Aussiedlern, Sport mit jugendlichen Arbeitslosen, Jugendferienmaßnahmen u.a.m.)

» Förderung aller überfachlichen Ziele des Frauensports

2. Kommunale Aufgaben:

» Vertretung des Sports gegenüber kommunalen Parlamenten und Verwaltungen (Mitwirkung bei sportpolitischen Entscheidungen, Artikulation sportpolitischer Grundsätze, Forderungen)

» Mitarbeit in den zuständigen kommunalen Gremien (Sportausschuß, Jugendring, Antenne Düsseldorf)

» Zusammenarbeit mit dem Sportamt (Veranstaltungen, Sportstättenbenutzung, Geräteausstattung, Zuschußanträge u.a.m.)

» Vertretung des Sports und gutachterliche Mitarbeit bei der Sportförderung, Entwicklung von Sportstättenleitplänen, Beteilung an Planungsverfahren

» Beratung des Sportausschusses in sportfachlichen Fragen

3. Gesellschaftliche Repräsentation:

» Vertretung der Belange des Sports und der Interessen der sporttreibenden Bevölkerung gegenüber anderen gesellschaftlichen Organisationen

» Förderung und Anerkennung des Ehrenamtes in den freien Organisationen

» Vorschläge zu Ehrungen

4. Innerverbandlliche Selbstverwaltung:

» Organisation und Verwaltung des Stadtsportbundes

» Vertretung des regionalen Sports nach innen und nach außen

» Koordination und Umsetzung sportpolitisch relevanter Aktionen des LSB/DSB

Leistungen des Stadtsportbundes Düsseldorf:
Der Düsseldorfer Sport ist das mit Abstand kostengünstigste, effizienteste und vielfältigste Sozialsystem unserer Stadt. In keinem anderen Bereich wird eine so große ehrenamtliche Leistung erbracht. Nachfolgend einige Beispiele aus dem Leistungsspektrum:

» 375 Vereine betreuen über 115 000 Düsseldorfer Bürgerinnen und Bürger, davon allein über 33 000 Kinder und Jugendliche

» Jeder fünfte Düsseldorfer ist einem Sportverein angeschlossen

» Fast 10 000 ehrenamtliche Mitarbeiterinnen und Mitarbeiter stellen den umfangreichen Spiel- und Sportbetrieb sicher

» Diese Mitarbeiterinnen und Mitarbeiter leisten mehr als 160 000 Arbeitsstunden im Jahr. Das sind allein in diesem Bereich Gesamtkosten von mehr als 30 Millionen DM, die nicht zu Lasten der Stadt gehen

» Über 150 Sportarten und über 1 000 Sportkurse von Aerobic über Fußball, Tennis bis hin zu Yoga bieten die Düsseldorfer Vereine, der Stadtsportbund und das Bildungswerk alljährlich an

» Mehr als 1 300 Veranstaltungen in gesellschaftlich-kulturellen Bereichen finden Jahr für Jahr im Düsseldorfer Sport statt

» Über 5 000 Menschen wenden sich im Jahresverlauf an die SSB-Geschäftsstelle, um in Sportfragen beraten zu werden.

Die Mitgliederentwicklung des Stadtsportbundes:

Jahr	Mitglieder	Vereine	Fachschaften
1946	15 000		
1951	34 000		
1961	54 600		
1973	76 200	288	36
1976	100 000	310	42
1980	105 000	347	42
1992	110 000	382	42
1998	113 000	380	39

Das Sportamt der Stadt Düsseldorf

Das Stadtsportamt

Das Sportamt ist ein Fachamt innerhalb der Stadtverwaltung Düsseldorf. Es will in erster Linie gemeinsam mit dem Stadtsportbund Düsseldorf Mittler zwischen Kommune und Schulen, Vereinen, Verbänden, Betrieben und sonstigen Institutionen in allen Sportangelegenheiten sein. Das Stadtsportamt hat nach 1945 viele Impulse für die Entwicklung des Sports in der Landeshauptstadt Düsseldorf gegeben, so der Bau des Rheinstadions, zahlreicher Sportplätze, Sporthallen, Schwimmbäder und Spielplätze. Der langjährige Leiter des Amtes, Karl-Theo Kels, Sportreferent Hans-Joachim Weiß, Heinz Engels und ihre MitarbeiterInnen engagieren sich - wie der heutige Leiter des Amtes, Udo Skalnik - für die reibungslose Organsiation des Sports in Düsseldorf.

Aufgaben und Ziele des Stadtsportamtes:

» Aquisition von Großveranstaltungen

» Unterhaltung, Aus- und Umbau sowie Belegungsplanung der Sportstätten

» Organisation von sportbezogenen Repräsentationen der Stadt

» Mitwirkung und/oder Durchführung (inter)nationaler Sportbegegnungen, -veranstaltungen

Sportverwaltung der Landeshauptstadt:

Beigeordneter:	Paul Saatkamp
Leiter des Sportamtes:	Udo Skalnik
Sportreferent:	Hans-Joachim Weiß
Leiter der Verwaltungs-abteilung:	Manfred Rademacher

Der Sportausschuß

Er ist kommunalpolitisches Organ des Rates der Stadt Düsselorf. Im Interesse aller Bürger soll er auch der im Stadtsportbund organisierten Sportvereinen die kommunale Sportförderung angedeihen lassen. Der Rat der Stadt erwartet von seinem Sportausschuß eine fachkundige und verantwortliche Beratung der ihn obliegenden Entscheidungen. Der Sportausschuß ist das kommunalpolitische Sprachrohr in anderen Ausschüssen des Rates (Hauptausschuß, Finanzausschuß usw.) oder im Rat selbst. Der Sportausschuß vertritt politisch alle für den Sport notwendigen Interessen, ohne dabei in die Freiheit und die Freiwilligkeit des Sports einzugreifen.

Aufgaben und Ziele des Sportausschusses:

» Beratung aller Probleme des Sportstättenbaus

» Beratung und Beschlußfassung der Richtlinien zur kommunalen Sportförderung

» Beratung des Haushaltplanes als finanzieller Grundlage der Sportförderung

» Mitwirkung bei repräsentativen Sportveranstaltungen aller Art

» Kontaktpflege zu allen Institutionen und Personen, die für die Pflege des Sports wirken

» Einbeziehung der Sportselbstverwaltung in sportfachlichen Fragen

Sportausschuß der Landeshauptstadt Düsseldorf:

Vorsitzender:	Ratsherr Peter Schwabe (CDU)
Stellv. Vorsitzender:	Hermann Reuter (SPD)
15 weitere Mitglieder	

Sportjugend Düsseldorf

Die Sportjugend im Stadtsportbund Düsseldorf e.V. erstrebt nach ihrer Satzung die Unterstützung, Pflege und Förderung aller Jugendabteilungen der Düsseldorfer Sportvereine. Der Vorstand der Sportjugend und die Jugendsprecher werden alle zwei Jahre vom Jugendtag, dem höchsten Gremium, gewählt.

Die Sportjugend versucht ...

» Bindeglied zwischen den angeschlossenen Vereinen zu sein

» die gemeinsamen Interessen der Mitgliedvereine zu artiku-
lieren und gegenüber anderen Verbänden, Jugendorganisa-
tionen und der Öffentlichkeit zu vertreten

» überfachliche Vereinsarbeit der Jugendabteilungen nach Kräf-
ten zu unterstützen

» für die Vielfalt des Sports zu werben, z.B. durch die Organisation und Durchführung von Breitensportveranstaltungen
sowie gesellschaftlich-kultureller Veranstaltungen

» die Zusammenarbeit von Schule und Verein zu fördern.

Aktivitäten und Aktionen:

» Durchführung von Spielfesten (z.B. 1988 aus Anlaß des Stadtjubiläums)

» Durchführung von Projektwochen Schule und Verein in Zusammenarbeit mit der Stadtsparkasse Düsseldorf

» Ausbildung von Gruppenleitern und Gruppenhelfern

» Durchführung von Jugendreisen und Ferienfahrten

» Umsetzung von Projektkonzeptionen, z.B. Sport mit Aussiedlern, Sport in der Lebenswelt benachteiligter Jugendlicher,
Sport und Drogen

» Mitarbeit in Jugendgremien

» Mitgestaltung von Bewegung, Spiel und Sport auf der Messe
„aktiv leben" in Düsseldorf.

Der Vorstand der Sportjugend im Jubiläumsjahr:

Vorsitzender:	Daniel E. Berkenkemper
stellv. Vorsitzende:	Manuela Postl,
Kassierer:	Marko Rademaker
Jugendsprecherin:	Laura Schlag
Jugendsprecher:	Sebastian Schwarz

Sportstätten in Düsseldorf

Die Landschaft als Sportplatz

Bevor es künstliche Stadien, Sportplätze, Sporthallen, Schwimmbäder und Fitneß-Studios gibt, sind Grün-, Wald- und Wasserflächen, die Ebenen, die Hügel und die Berge in und um die Stadt die „natürlichen" Spiel- und Sportplätze. Für Düsseldorf und Umgebung bieten sich heute an:

» **Rhein, Unterbacher See, Elbsee:** Wassersport (Segeln, Rudern, Surfen, Kanu- Kajak-, Canadierfahren, Schwimmen (im Unterbacher See), Angeln ...

» **Rheinufer und Rheinwiesen:** Laufen, Jogging, Radfahren, Inline-Skating (teilweise), Drachensteigen, Wandern ...

» **Forst Kalkum, Forstbusch, Aaper Wald, Grafenberger Wald, Eller Forst, Hasseler Forst, Benrather Forst:** Laufen, Jogging, Radfahren, Trimmen, Reiten, Wandern, Spielen auf Waldspielplätzen ...

» **Parkanlagen: Nordpark, Südpark, Ostpark, Kalkumer Schloßpark, Schloßpark Eller, Benrather Schloßpark:** Laufen, Jogging, Radfahren (eingeschränkt), Wandern, Spielen auf Spiel- und Sportplätzen ...

» **Golfplätze Hubbelrath und Lausward:** Golfen

Naherholungsgebiet „Unterbacher See"

Ein Musterbeispiel für landschaftsbezogene Sportstätten bildet die 200 Hektar große Volkserholungsstätte Unterbacher See. In dem zwischen 1926 und 1973 entstandenen Baggersee mit 95 Hektar großer Wasserfläche mit durchschnittlich 5 Meter Tiefe und guter Wasserqualität läßt sich in idealer Weise vielfältiger Wassersport und Schwimmen durchführen. Der „Zweckverband Unterbacher See" verwaltet diese Einrichtungen, zu denen zwei Strandbäder (Nord- und Südbad), Bootshafen und Surfschule gehören. An den Rändern des Sees ziehen sich getrennte Rad- und Wanderwege entlang mit schönen Ausblicken auf den See. Spielplätze und Spielwiesen motivieren zur Bewegung und Gaststätten laden zur Einkehr ein.

Auf allen naturräumlichen Arealen gilt es, die nur noch spärlich vorhandenen Pflanzen und Tiere („Rote Liste") zu schonen!

Unter den Düsseldorfer Sportstätten nehmen das Rheinstadion und die umgebenden Sporthallen, Sportplätze und Schwimmbäder den ersten Rang ein. Bereits in den 20er Jahren entstehen das alte Rheinstadion, Spiel- und Sportplätze, die den Beginn einer neuen Aera der Erholung und der Freizeitgestaltung signalisieren.

Am 18. April 1926 wird das alte Rheinstadion eröffnet. Es dient fast fünf Jahrzehnte dem Sport in Düsseldorf. Ende der 60er Jahre wird das Stadion baufällig. Daher entschließt man sich, ein neues Stadion samt umgebenden Sportstätten zu errichten. 1972 wird das nach den Plänen des Düsselorfer Stadtplaners, Professor Tamms, errichtete Stadion nach vierjähriger Bauzeit in Betrieb genommen. 53 Millionen DM kostet der Bau, der 68 000 Zuschauern Platz bietet. 1974 finden hier Fußball-Welt-meisterschaftsspiele, 1988 Europameisterschaftsspiele statt und die Leicht-athleten richten 1977 die Wettbewerbe zum 1. World-Cup aus. Heute ist das Stadion selten voll besetzt. Durch den Abbau der renovierungsbedürf-tigen Anlagen für die Leichtathletik will man mehr Platz für show-sportli-che Attraktionen schaffen.

Zu den Sportanlagen des Rheinstadions gehört eine 143 x 55 Meter große Leichtathletikhalle mit einer 200 m Rundbahn, den entsprechen-den Anlagen für Sprung- und Wurfdisziplinen und ein Kraftraum. Die Hal-le und die Außenanlagen dienen zugleich als Bundesleistungszentrum. Weiter gehören zum Rheinstadion ein großes Schwimmbad mit Liegewie-sen, 47 Tennisplätze und mehrere Ballspielfelder. Die Anlagen werden jähr-lich von ca. 800 000 Akteuren und Zuschauern beansprucht.

Sportpark Niederheid

Im Süden der Stadt liegt der Sportpark Niederheid, 1976 zum 100jähri-genn Bestehen der Firma Henkel gestiftet. Der Sportpark dient vor allem dem Breitensport, der Freizeitgestaltung und der Erholung. Neben einem weitläufigen Freigelände mit Sport- und Spielplätzen gibt es eine 45 x 30 Meter Sporthalle und ein Hallenbad.

Weitere Sportstätten

In Düsseldorf gibt es 15 mehrfunktionale Bezirkssportanlagen, die von der Stadt unterhalten werden, daneben zahlreich vereinseigene Sportplätze, Turn- und Sporthallen, Tennisplätze, Vereinsheime, sowie viele Schulsport-stätten. Die Zahl der Schwimmbäder ist in den letzten Jahren aus wirt-schaftlichen Gründen reduziert. Dafür sind neue Akzente für Schwimm-Spaß-Bäder gesetzt worden. Sie unterstehen einer stadtverwaltungsnahen Bädergesellschaft. Für sportliche Großveranstaltungen steht noch die Philipshalle (Reitturnier, Tennisturnier usw.) am Südpark zur Verfügung. Das Eisstadion in der Brehmstraße hat eine lange Tradition. Es ist mehrfach umgebaut worden und dient sowohl dem Profi-Eishockeysport als auch dem Eislaufen und dem Eisvergnügen. Das gilt auch für die Sparkassen-Eissporthalle in Benrath. In Düsseldorf fehlt noch eine Großsporthalle, die seit vielen Jahren propagiert wird.

Schulsport in Düsseldorf

Bereits vorher sind im Kapitel „Schulturnen im Kaiserreich" sporthistorische Bezugspunkte zum Thema dargelegt worden. Jetzt geht es um den Sportunterricht an den Düsseldorfer Schulen. Sport und besonders der Schulsport, haben einen hohen Stellenwert im Gesamtgefüge von Erziehung und Bildung und Gesellschaft. Das bringen die Richtlinien Sport NRW (1980) in ihrem grundsätzlichen Teil zum Ausdruck:

» Der Schulsport soll die *Gesundheit* aller, besonders aber der kreislauf- und haltungsschwachen Schüler durch regelmäßiges *Training* fördern; er soll sportbezogene Kenntnisse, Einsichten und Gewohnheiten ausbilden helfen, die eine gesunde Lebensführung unterstützen können

» Der Schulsport soll allen Schülern möglichst vielfältige *materiale* und *leibliche Erfahrung* vermitteln - insbesondere solche, die ihnen außerhalb der Schule weniger zugänglich sind

» Der Sport sollen allen Schülern immer wieder vielfältige, ihren individuellen Voraussetzungen angemessene Möglichkeiten bieten, *Leistungen* zu vollbringen und ihre Leistungen zu verbessern

» Der Schulsport soll ein *Regelbewußtsein* fördern, das an der Idee orientiert ist, alle in die *Spielhandlung* einzubeziehen

» Im Schulsport sollen die Schüler lernen, die Rahmenbedingugen und den Ablauf sportlicher Übungs- und Wettkampfsituationen zunehmend *selbst* zu gestalten und zu verantworten

» Im Schulsport sollen die Schüler lernen, wie sie Formen und Rahmenbedingungen der vorgegebenen Sportarten *verändern* können, um unter bestimmten Umständen die Erwartungen, die sie mit dem Sport verbinden, besser zu verwirklichen

» Der Schulsport sollte einen Beitrag zu einer sinnvollen und altersangemessenen *Einteilung der Zeit* leisten, die Schüler in der Schule verbringen

» Der Schulsport ist auf den Sport zu beziehen, den Kinder und Jugendliche *außerhalb der Schule* gemeinsam betreiben können

» Der Schulsport ist auf Formen des Sports zu beziehen, die unter *Erwachsenen* besonders verbreitet sind.

Weiterhin ist zu berücksichtigen, daß der Schulsport beitragen kann zur

» *Integration* ausländischer SchülerInnen

» Vermittlung von *Fairplay*

» *Kritikfähigkeit* sportlich-gesellschaftlicher Vorgänge, wie Doping; Professionalisierung, Politisierung und Kommerzialisierung des Sports; Freizeit, Umwelt usw.

Schulsportfeste

Jährlich finden Schulsportfeste statt. Das Jubiläumssportfest 1988 der Düsseldorfer Schulen zeigt, daß es wirkungsvoll möglich ist, einen sportlichen Vergleichskampf aller Schulformen im Rheinstadion in Szene zu setzen. Es wird dabei deutlich, daß das Projekt der Talentsichtung und Talentförderung angebracht ist, in dem Sportlehrer der Schulen und Übungsleiter der Vereine eine Sichtung vornehmen, wo Anlagen und Fähigkeiten der Schülerinnen und Schülern liegen. Es gilt, diese sowohl für den Leistungs- als auch für den Breitensport (lifetime-sport) zu entwickeln. Diesen Prinzipien dient auch die Unterstützung des Schulsports und der Schulsportfeste durch die Stadt-Sparkasse Düsseldorf.

Projekt „Peru-Läufe"

Seit 1990 wird auf Initiative von Schülerinnen und Schülern des ältesten Düsseldorfer Gymnasiums, des Görres-Gymnasiums, der „Peru-Lauf" durchgeführt. Schüler aller Altersstufen laufen, um Spenden hereinzuholen für das Schutzprojekt YANACHAGA. Bauern in Peru soll damit geholfen werden, seßhaft zu bleiben und neuen, alternativen Anbau zu betreiben. Das Projekt beugt somit der Landflucht vor. In drei Jahren sind durch diese Läufe über 60 000 DM zusammengekommen. - Man sieht, auch der Schulsport kann in erheblichem Maße zu sozialen und humanen Projekten beitragen.

Weit verbreitet: Tischtennissport

In 54 Düsseldorfer Vereinen wird Tischtennis gespielt. Das schnellste Rückschlagspiel der Welt erfreut sich seit vielen Jahrzehnten bei jungen und alten DüseldorferInnen großer Beliebtheit. Die Mannschaften spielen in den Kreis-, Bezirks-, Regional- und Landesligen. Montags und dienstags nehmen die Wettkampfergebnisse und die Tabellen der Tischtennisspiele vom Wochenende in den Zeitungen einen großen Platz ein.

Grün-Weiß und Ping-Pong Oberkassel sind die ersten TT-Vereine, die in den 20er Jahren mit dem reaktionsschnellen Spiel beginnen. Der richtige Aufschwung im Tischtennis beginnt mit dem Weltklassespieler Eberhard Schöler (DJK TUSA 06), siebenfacher Deutscher Meister und der damals sehr erfolgreichen TT-Mannschaft Schöler, Forster, Offergeld, Dombrowski, Söhnlein, Beyss. Sie werden 1962 und 1963 Deutscher Mannschaftsmeister. Später schaffen bei der Borussia Eberhard Schöler, Wilfried Lieck, Hajo Nolten und Jochen Leiß die Grundlage für den erfolgreichsten deutschen Tischtennisclub, der 17mal Deutscher Mannschaftsmeister, 13facher Deutscher Pokalsieger, mehrfacher Europa-Pokalsieger der Landesmeister und 1993 Super-Cup Gewinner wird. Der Klub spielt seit 1967 ununterbrochen in der TT-Bundesliga. Ein Ende der Erfolgsserie ist nicht abzusehen.

Tischtennis ist professionell: Borussia Düsseldorf e.V.

Das Tischtennis-Leistungszentrum NRW am Staufenplatz ist der Schauplatz der spannendsten Wettbewerbe mit dem kleinen Zelluloidball. Der Bundesligaverein pflegt - wie kaum ein anderer Verein - einen echten Teamgeist und weiß den Zusammenhalt zu schätzen. So ist der herausragende Spieler des Vereins, Jörg Roßkopf (Rossi), hervorgegangen aus der DJK Blau-Weiß Münster bei Dieburg, seinem Düsseldorfer Verein stets treu geblieben - auch wenn höhere Prämien anderer Vereine locken. Er, der Vize-Weltmeister, Europameister und Olympia-Medaillengewinner, ist früher mit Steffen Fetzner (Speedy) und jetzt mit Vizeweltmeister Vladimir Samsanow (Samson) im Doppel stets ein intelligenter und ausdauernder Berufsspieler. Ein fachmännisch-harmonisches Team von Betreuern steht den Tischtennisspielern sportlich motivierend und zugleich menschlichberatend zur Seite: Der Präsident und Mannschaftsarzt Dr. Fritz Wienke, Trainer Mario Amizic, Teamcoach Ralf Wosik, Physiotherapeut und Masseur Hans-Dieter Hanus und Geschäftsführer Marcel Piwolinski (Antenne Düsseldorf).

Tanzen und Tanzsport

Vielfältig ist die Tanz-Szene in Düsseldorf. Dies zeigt sich bereits im Namen der Vereine wie Boston-Club, Cart-Wheelers Square-Dance-Club, Rock´n´Roll-Club Känguruh, Senfpott Twirlers, Tanzsportformation „Düsselsterne", Tanzsportgemeinschaft Imperial. Traditionelle Vereine wie der Post-SV, ART 77/90, TV Unterbach, Spiel- und Sportverein Knittkuhl haben Tanzabteilungen. So richtig sportiv aber geht es beim TD Tanzsport-club Rot-Weiß Düsseldorf zu. Dazu gesellen sich die Düsseldorfer Tanzschu-len, die Ballettschulen und die Lernangebote von VHS, ASG Bildungsfo-rum, efa und afw.

Die Palette der Tänze ist ebenso vielgestaltig wie exotisch: Traditionel-le Tänze, lateinamerikanische, afrikanische, asiatische Tänze, folkloristi-sche Tänze, Salsa, Flamenco, Modern-Dance, Jazz-Dance, Rock´n´Roll, Boogie-Woogie, Square-Dance, Country-, Western-Dance, Pop-Dance, Step-tanz, Rollstuhl-Tanz, meditative Tänze ... .

TD Tanzsportclub Rot-Weiß Düsseldorf

Am bekanntesten und im Tanzsport erfolgreichsten ist der 1954 bzw. 1967 gegründete Tanzsportclub Rot-Weiß Düsseldorf. Schon 1973 wird die Düs-selorfer-Lateinformation in New York zum ersten Male Weltmeister. Zahl-reiche Deutsche und Europäische Formationsmeisterschaften folgen bis 1993, wo man - in Stavanger - Weltmeister und 1994 in Dortmund Europa-meister wird. Die Bilanz ist einmalig im Tanzen: 57 Deutsche, 39 Europa und 28 Weltmeisterschaften, bei denen 28 Gold- 41 Silber- und 20 Bron-zemedaillen in den Standard- und Lateinamerikanischen Formationen er-tanzt werden. Alle Altersgruppen zwischen 5 und 90 Jahren finden Freude in der tänzerischen Bewegung. Das neue Tanzsportzentrum des Clubs in der Altenbergstraße ist einer der gesellschaftlichen Mittelpunkte des Düs-seldorfer Sports.

Boston-Club e.V.

Der 1912 gegründete, in Vennhausen beheimatete, seit 1991 größte Tanz-sportverein des Deutschen Tanzsportverbandes verdankt seinen Namen dem Tanz „Boston". Der Club vermittelt in erster Linie Tanzschulabsol-venten die Möglichkeit, ihre Kenntnisse zu erweitern in den Standard und Lateinamerikanischen Tänzen, sowie im Jazz- und Modern-Dance, Step-tanz, Rock´n´Roll, Alte Tänze und New Voque im Breiten- und Leistungs-sport. 1994 und 1995 wird man Deutscher Meister. Die Jazz- und Modern-Dance-Formation tanzt in der Bundesliga.

Tanzsportgemeinschaft Imperial

In dem 1988 gegründeten Verein kann jede(r) tanzen. Es ist ein Allround-club mit Hobbytanzkreisen, Lerngruppen, Gruppen zum Auffrischen, Breitensportgruppen, Turniertanz. Kindertanz, Rollstuhltanz gehören zum festen Programm, bei dem der Bauchtanz nicht fehlen darf.

Cart-Wheelers Square-Dance-Club

Man trainiert im Pfarrsaal von St. Peter in der Friedrichsstadt speziell auf Square-Dance, von dem man 70 Figuren lernen soll. Große Gala-Tanzturniere sind verpönt. Viermal im Jahr trifft man sich zu europäischen „Jamborees", auf denen sich 15 000 Square-Dancers bewegen.

Handballsport in Düsseldorf

Handball wird in Düsseldorfer Turn- und Sportvereinen seit den 20er Jahren gespielt. Es ist zuerst die Form des Feldhandballspiels (Großfeldhandball), das auf dem Fußballspielfeld ausgetragen wird. Von 1948 bis 1953 spielen die Feldhandballer von Fortuna 95 in der höchsten Klasse. Nationalspieler ist damals Willi Zorn. Heute wird dieses Spiel nicht mehr gepflegt. Seit den 50er Jahren wird Kleinfeldhandball (Hallenhandball) gespielt.Die Handballspielerinnen des Düsseldorfer Sportvereins 04 werden dreimal Deutscher Meister.

In Düsseldorf gibt es heute 24 Vereine mit Handballabteilungen, die in 130 Schüler-, Jugend-, Junioren, Senioren- und Frauenmannschaften spielen.

Turn- und Rasensport Union TURU von 1880

Der Verein an der Feuerbachstraße hat seine Wurzeln in der Turnbewegung im Kaiserreich. Schon damals ist er sehr aufgeschlossen für Innovationen. Daher beschäftigt er sich schon früh mit dem Handballsport und wird 1923 Deutscher Meister im Feldhandball. 1983 wird aus der TURU zusammen mit dem Handballsportverein Düsseldorf die Handballsportgemeinschaft HSG TURU Düsseldorf gebildet. Diese Vereinigung spielt dann mit wechselndem Erfolg in der Handball-Bundesliga. 1989 wird die Mannschaft Europapokalsieger im Handball. Zu den Handball-Nationalspielern gehört auch der Düsseldorfer Stefan Schöne, der lange Zeit für den Deutschen Meister SG Wallau-Massenheim spielt. Präsident des Vereins ist übrigens Pfarrer Spieß von St. Antonius Düsseldorf. Gymnastik und Fußball mit vielen ausländischen Jungen gehören zum sportlichen Angebot des Vereins.

Handball-Sportverein (HSV) Düsseldorf

Seit 1993 hat der HSV im Bereich Handball die HSG TURU Düsseldorf abgelöst, vorrangig durch den Manager und Trainer Horst Bredemeier. Der Klassenbestand in der Handball-Bundesliga kann jedoch nach dem Ende der Spielsaison 1995/96 nicht erhalten werden.Der HSV ist ein Einsparten- und Profi-Sportclub. Der Stadtsportbund hat den HSV nicht aufnehmen können, da er nicht die Forderung der Gemeinnützigkeit erfüllt (was allerdings bei manchem anderen Düsseldorfer Sportverein zu hinterfragen wäre). Der Verein spielt jetzt in Ratingen, da dort eine bessere Halle für Handball als in Düsseldorf vorhanden ist.

Düsseldorfer Hockeysport

Der Düsseldorfer Hockey Club DHC

Originell ist das Wappen des DHC: Statt des bekannten Ankers in den Pranken des Bergischen (Düsseldorfer) Löwen, hält der König der Tiere einen Hockeyschläger fest umklammert. Der „Stammvater" dieses renommierten Düsseldorfer Sportclubs ist - wer könnte es anders sein- Dr. Ernst Poensgen, der 1905 gemeinsam mit Otto Baron von La Valette, Paul Siegert, Paul Compes, Dr. Viktor Storz und dem englischen Konsul König und dessen Schwestern, den Damen Erna Rebensburg und Hedwig Meisenburg-Dahl den Club gründet. Vorbild ist ihnen der englische Hockeysport und die emanzipatorische Idee, denn von Anfang sind die Frauen in diesen, schon in der griechischen Antike praktizierten Sport, integriert. Mannschaften des DHC spielen 1935 und 1937 mit Erfolg gegen englische College-Teams der Universitäten Cambridge und Oxford. Ernst Poensgen leitet den Club 32 Jahre lang als 1. Vorsitzender. Ihm folgt sein Bruder Dr. Kurt Poensgen in der schweren Zeit bis 1944.

Hockey spielt man in Düsseldorf anfänglich auf den im Winter nicht genutzten Tennisplätzen des Rochus-Clubs, dann wechselt man nach Düsseldorf-Honigsheim und schließlich nach Oberkassel, wo die endgültige Clubanlage errichtet wird. Nach dem Krieg übernehmen unter anderen Godfried Schwartz, die Brüder Hüttenes, Jost Wrede, Gerd Michael Rayermann die Regie und unter der Ägide des seit 1992 amtierenden Vorsitzenden Arnold Graf von der Goltz erreicht der Club mit 1060 Mitgliedern seinen Höchststand.

Der DHC ist ein Familienverein, in dem zum großen Teil ganze Familien Mitglieder sind, und zwar teilweise schon in der vierten Generation. Vor allem daraus rührt der Sinn des DHC und seiner Mitglieder zur Geselligkeit. Der Club betreut 25 männliche und weibliche Hockeymannschaften in allen Altersgruppen und Leistungsstärken. Besonders erfolgreich sind die Jugendlichen, die schon manche Deutsche Meisterschaft und Vizemeisterschaft in den 70er und anfänglichen 80er Jahren im Feld- und Hallenhockey gewinnen können. Nach einem Leistungstief sind sie wieder 1995 im Aufwind. Die Herrenmannschaft spielt 1985 in der 1. Bundesliga, dannach in der 2. Liga und jetzt in der Regionalliga. Die Damen spielen viele Jahre lang in der Bundesliga, seit 1990 eine Klasse niedriger. Aber es ist nicht entscheidend für einen Club wie der DHC, in welcher Liga er spielt. Bedeutsamer ist der Breitensport, der sich in der Vielzahl gerade der Jugendmannschaften zeigt. Verantwortliche Jugendarbeit konsolidiert das sportliche und gesellige Vereinsleben mehr als ständiger Leistungszwang und der Gier nach dem Geld. Neben Hockey wird auf zehn Plätzen Tennis gespielt.

Im Jubiläumsjahr 1995 richtet der DHC die 8. Nationalen Rollstuhl-Tennismeisterschaften aus, ein Zeichen für seine humane und soziale Aufgeschlossenheit.

Weitere Vereine mit Hockeymannschaften

Auch beim Düsselorfer Sport-Club 1899 wird der Jugendsport großgeschrieben. Auf seinen Anlagen betreut er 16 Jugendmannschaften. Die Damen und die Herren spielen in der Regional- bzw. Verbandsliga.Der Deutsche Sportclub Düsseldorf in Grafenberg hat neun Jugendmannschaften (6-18 Jahre) und vier Herren-Mannschaften, wovon die 1. Mannschaft in der Oberliga spielt.

Vielfalt weiterer Sportarten

Rugby

Vorläufer des American Football ist das alte englische Rugby-Spiel, genannt nach dem College in Rugby. Headmaster Thomas Arnold hat das Spiel Mitte des 19. Jahrhunderts in seiner Schule entwickelt. In Düsseldorf gibt es Rugby bereits in den 20er und 30er Jahren. Die Fortuna hat damals eine Rugby-Mannschaft. Heute sind es die Dragons vom Post SV, die in der Regionalliga spielen. Gemeinsam mit dem TSV Hochdahl trainieren und spielen die Youngsters der beiden Vereine.

American Football

1978 werden in Deutschland die ersten Vereine gegründet. Seit dieser Zeit gibt es auch American Football in Düsseldorf, den 1. Düsseldorfer Football-Club 1978 „Panther". Er spielt in der Bundesliga. Sechsmal wird er Deutscher Meister und 1995 gewinnt das Team den „Euro-Bowl". Die Rookies der Panther sind das erfolgreichste Jugend-Team in Deutschland. - Die „Bulldozer", 1979 gegründet, spielen in der Regionalliga. Die Jugend des Vereins wird 1984 Deutscher Jugendmeister. Das „Rhein-Fire" Team ist im Stadiongelände zu Hause. Sie organisieren die Auftritte der „World-Legue"

Baseball / Softball

Dieses typische US-Spiel findet auch in Düsseldorf, wenn auch bescheidenen, Anklang. Die „Senators" spielen in der Bundesliga-Nord mit wechselndem Erfolg, Softball in der Bezirksliga.- Seit 1990 existieren die „Bandits" beim ART 77/90 in Rath. Hier spielt man in der Verbands- und Kreisliga. Softball ist die Vorstufe des etwas komplizierten Baseballspiels.

Basketball / Streetball

Basketball findet nach 1945, zunächst als amerikanischer Sport, in Deutschland große Verbreitung. Im Zusammenhang mit DJK Agon, dem vielfachen Deutschen Meister und Europa-Vizemeister der Damen und DJK TUSA 06/ART 77/90 (vgl. Tafel 26 und 27) wird auf diese Sportart hingewiesen. Weitere Vereine mit Basketballabteilungen in Düsseldorf sind: ART 77/80, DTV 1847, Garather SV 1966, TSV Maccabi, TG 1881, TV Grafenberg -1995 werden die Junioren Meister in der Oberliga -, TV Unterbach, TV Kalkum 1911/Wittlaer. - Neu ist Streetball, eine individuelle Form des Basketballspiels, das vor allem bei Jungen und Mädchen beliebt ist.

Volleyball / Beach Volleyball

Durch die Olympiareife von Beach Volleyball in Atlanta 1996 erfährt Volleyball als traditionelles Schul- und Hochschulsportspiel erneut Auftrieb. In Düsseldorf entsteht der erste Beach Volleyball Sandplatz bei DJK TUSA 06 in Flehe, wo auch Meisterschaften ausgetragen werden. - Volleyball wird in Düsseldorf in 50 Teams der Hobby-Mixed-Liga wie kaum in einer anderen deutschen Stadt gespielt. In 35 Vereinen ist dieses zunächst in den Schulen erlernte, beliebte Spiel angesiedelt, wobei ART 77/90, DSC 1899, die TSG Benrath 1881, SFD 1975 und die Volleyballfreunde Benrath 1981 die spielstärksten Teams in den verschiedenen Ligen stellen.

Badminton

Im Olympischen Sportclub Düsseldorf ist Badminton seit 1952 angesiedelt, noch bevor der Badmintonverband gegründet wird. Seitdem sind die Mannschaften des Clubs, angefangen bei den 6jährigen bis zu den 60jährigen, erfolgreich. Die 1. Mannschaft spielt in der Bundesliga das schnelle und gewandte Spiel, dessen Ursprung in den asiatischen Ländern liegt. Das Team wird 1995/96 Deutscher Vizemeister.Es ist ein beliebtes Freizeitspiel, das nicht nur in 17 weiteren Vereinen, sondern auch in Düsseldorfer Fitness-Center als Ausgleich für monotones Hanteltraining gespielt wird.

Squash

Dieses neue Rückschlagspiel mit dem 24 g schweren Gummiball im 6,40 x 9,75 x 4,60 m Court findet in Düsseldorf seit Jahren AnhängerInnen, vorwiegend in den kommerziellen Fitneß-Center, doch wird das äußerst schnelle Spiel auch im Verein gespielt, so im 1. Düsseldorfer Squash-Racket-Club, im First Squash Team Laux, bei Nick-Ball Düsseldorf, die in Bezirks- und Landesligen spielen. Präsident des Squash-Racket-Verbandes und sportliches Vorbild ist der Lantagsabgeordnete Dr. Hans Kraft

Jiu-Jitsu / Judo / Karate / Kendo

1928 bereits ist diese asiatischen Sportart der Selbstverteidigung (Jiu-Jitsu) und seit 1967 ist Judo als Wettkampfsport in Düsseldorf heimisch. Wie später Karate und Kendo, finden diese Budo-Sportarten in Düsseldorf fleißige Anhänger. Der größte Judoverein ist der Jugendclub 71 Düsseldorf e.V.. Die Frauen dieses Clubs sind in der 2. Bundesliga, die Männer in der Landesliga vertreten. Jeden Werktag wird zum Beispiel beim Judoclub ASAHI Düsseldorf 67 in den einzelnen Gruppen trainiert, denen es nicht nur um Gürtel und Medaillen, sondern auch um Fitness, Bewegung und Freude geht. Weitere Judoangebote finden sich beim Garather SV, Judo-Club Kaiserswerth, Judo-Sportclub Düsseldorf, Judofreunde 73 Düsseldorf, Polizeisportverein 02, Post SV, SG Unterrath 12/24, TSV Urdenbach 1894, SFD 1975. Für alle Judogruppen gilt die pädagogische Anleitung zur Selbstbeherrschung im Sport.

Skisport / Curling

Obwohl in Düsseldorf und Umgebung nur selten im Winter Schnee liegt, gibt es hier seit dem Jahre 1906 einen rührigen Skiclub. Zu den Begründern des Deutschen Skiverbandes (DSV) auf dem Feldberg im Schwarzwald, einige Jahre vorher, gehört der Düsseldorfer Fritz Breuer. Auch Dr. Ernst Poensgen ist wieder mit bei der Partie, ebenso Professor Klappheck. Erste Skilehrer sind 1910 Paul Probst und Heinz Woge. Anläßlich der GESOLEI 1926 tagt der DSV in Düsseldorf, der auch bei der Ausstellung vertreten ist. Jährlich beteiligt man sich bei den Skimeisterschaften des DSV. Das gilt bis heute in ähnlicher Weise. Zum Aufwärmen für die Wintersportsaison im Alpinen und Nordischen Skisport betreibt man im Club rechtzeitig Skigymnastik, macht Waldläufe und spielt Basketball. Geselligkeit wird gern gepflegt. Die eigene Skihütte steht in Meinerzhagen im Hochsauerland. Im Deutschen Alpenverein, Sektion Düsseldorf, gibt es ebenso wie im DTV von 1847, in der TSG 1881 Benrath, im TV Grafen-

li.oben: Erlebnis-Rad-Parcour vor dem Thyssen Hochhaus

re. oben: Sport-Tag des Hochschulsports

li. unten: Inline-Skater im Sprung

re. unten: US-Sport Baseball in Düsseldorf

Rollstuhl-Tanz Vorführung auf der REHA-Messe Düsseldorf

Regina Isecke wird Deutsche Rollstuhl-Tennismeisterin auf den Tennisplätzen des DHC.

berg und im Garather SV Wintersportabteilungen. - Verwandt mit dem Eisstockschießen ist das aus Schottland stammende Curling. Es wird in dem 1961 gegründeten Düsseldorfer Curling Club gepflegt. Er beteiligt sich an Meisterschaften oder man betreibt diesen Sport auch als Zeitvertreib und mit der Lust am Unwägbaren.

Behindertensport

Gehörlosen-Sportverein 1916,
Schwerhörigen-Sport-Club Düsseldorf

Bereits 1916 wird der erste Verein gegründet, der sich mit dem Sport für Menschen mit Behinderungen beschäftigt. Es sind 25 „Gehörlose", die gemeinsam turnen. Willi Altgassen, Verbandsturnwart im Verband Deutscher Taubstummen-Turnvereine, ist die treibende Kraft dieses Vereins. Später schließt sich der Verein dem Allgemeinen Turnverein 1877 an, um besser turnen zu können. Der Verein besteht heute noch aus 33 Mitgliedern. - Der Schwerhörigen-Sport-Club ist eine moderne Version, der sich in zwangloser Folge betätigt in Gymnastik, Kegeln, Bowling, Tischtennis, Sportschießen, Badminton, Laufen, Skilauf und Schach.

Behinderten-Sportgemeinschaft Düsseldorf e.V.

Kurz nach dem 2. Weltkrieg bildet sich aus Kriegsteilnehmern - vorwiegend Bein- und Armamputierten - die „Versehrten-Sportgemeinschaft Düsseldorf", aus der in der Mitte der 70er Jahre die „BSG Behinderten-Sportgemeinschaft" entsteht. Diese ist vielseitig in den Sportarten behindertengerecht orientiert und betreibt Leichtathletik, Schwimmen, Tischtennis, Fußballtennis, Gymnastik, Kegeln in verschiedenen Düsseldorfer Sporthallen. Die Liste der erfolgreichen BehindertensportlerInnen in der Vergangenheit ist lang. Sie werden sogar Weltmeister bei den Stoke-Mendeville Spielen der Behinderten und bei den Paralympics Medaillengewinner: Günter Schweitzer (Schwimmen), Karl-Heinz Kelzenberg, Wolfgang Horsch, Markus Vahle, Ursula Lindgens-Strache, Jochen Wollmert (alle Tischtennis). Im Fußballtennis spielt man in der Landesliga. Der 1. Vorsitzende der Gemeinschaft, Hans Joachim Huxdorf, bedauert es, daß es in Düsseldorf außer Rollstuhltanz keinen Rollstuhlsport gibt, dafür aber in Krefeld, Neuss und Hilden. - Der Düsseldorfer Hockey-Club richtet die Deutschen Meisterschaften im Rollstuhl-Tennis mit gutem Erfolg aus, ein Zeichen für die Partnerschaft der Sportvereine.

Post SV Düsseldorf, Behindertensportgruppe

Der Post SV ist der einzige Düsseldorfer Großsportverein, der eine Behindertensportgruppe hat. Es sind zumeist junge Mehrfachbehinderte, die sich im Verein bei Spiel und Sport in geselliger Runde wohlfühlen. Auch andere Düsseldorfer Sportvereine können diesem Vorbild folgen.

Behindertensport auf der Düsseldorfer REHA Messe

Alle zwei Jahre findet in Düsseldorf die große Internationale Messe REHA (Rehabilitation) statt. Viele Ausstellerfirmen und Verbände für Prävention und Rehabilitation besuchen diese Messe. Der Zustrom von Menschen mit Behinderungen wird immer größer. Der Behindertensport ist inzwischen zu einem festen Bestandteil der Messe geworden. In Zusammenarbeit mit dem Behinderten-Sportverband Nordrhein-Westfalen läuft während der Messewoche ein Non-Stop-Programm „Behindertensport" auf großer Sporthallenfläche ab, so in vielen Sportarten wie Rollstuhlbasketball, -tennis, -rugby, -tanz, Gymnastik, Sitzfußball, -tennis usw.. Gleichzeitig werden Kongresse, Symposien, Demonstrationen zum Behindertensport durchgeführt, sowie Interviews mit BehindertensportlerInnen gegeben.

Gesundheit und Fitness

Bereits auf der GESOLEI 1926 in Düsseldorf wird das Thema „Gesundheit und Leibesübungen/Sport" in Theorie und Praxis umfassend behandelt. Dabei wird auch der soziale Aspekt dieser beiden Bereiche hervorgehoben. 70 Jahre danach sind diese existentiellen und grundlegenden Bezugspunkte für das Individuum als auch für die Gruppe, den Verein, die Stadt und die Menschheit aktueller den je.

Gesundheit (Koronar-, Diabetikersport, Krebsvorsorge durch Bewegung, Spiel und Sport)

Seit fast 20 Jahren bestehen Gruppen für Koronarsport zum Beispiel beim ART 77/90, beim Garather SV, beim SFD 1975 und besonders ausgeprägt beim „Verein für Gesundheitssport und Sporttherapie Düsseldorf/Ratingen e.V." (VGS), der auf fast allen Sektoren des „Gesundheitssports" aktiv ist. Diese Vereine beraten und betreuen unter ärztlicher Anleitung Koronarpatienten präventiv und rehabilitativ durch gezielte Gymnastik, Spiele, Entspannungsübungen, Radfahren, lockeres Laufen, Skilanglauf usw.. Dadurch erreichen diese Menschen wieder eine höhere Lebensqualität.

Die VGS geht über diese Zielsetzung noch hinaus und richtet ihr Angebot in Zusammenarbeit mit dem Institut für Sportwissenschaft der Heinrich-Heine-Universität Düsseldorf auch auf Diabetiker, für Menschen in der Krebs- Vor- und Nachsorge, auf übergewichtige Personen, Kinder mit Asthma, Menschen mit psychischen Störungen aus und führt Rückenschulung durch. Der Verein, der dem Stadtsportbund angeschlossen ist und mit der AOK Düsseldorf kooperiert, zählt inzwischen 1250 Mitglieder. Die Betreuung erfolgt in Gruppen.

Fitness

Wörter wie „fit", „fit sein", „Fitness" sind heute in aller Munde. Es bezeichnet das körperliche, das gesundheitliche aber auch das seelische Wohlergehen: Stark, kräftig, dynamisch, „bodystyled". In der Regel wird das Kraft-Fitness-Training überbetont. Die Schnelligkeit, Gewandtheit und Ausdauer kommen oft zu kurz. Diese sind aber für die Gesundheit unentbehrlich im Hinblick auf den „harmonisch gebildeten" Menschen. Düsseldorf zählt heute ca. 75 Fitness-Studios und Fitness-Angebote in Sportvereinen.

So bleibt man fit bis ins hohe Alter:

1) **Ärztliche Untersuchung zu Beginn des SPORT- FITNESS-PRO-GRAMMS,** (danach mindestens einmal jährlich)

2) **Dreimal wöchentlich körperliche Betätigung abwechselnd in:**
   - 1 Std. Laufen (Jogging)   - 2 Std. Radfahren, oder
   - 1 Std. Schwimmen, oder   - 3 Std. Wandern, oder
   - 2 Std. Walking   - 1 Std. Spielen (Tennis,
     (schnelles Gehen)   Volleyball)

3) **täglich 10 Minuten Gymnastik oder leichtes Gymnastik-Hanteltraining**

4) **Ernährung:** Stilles Wasser oder Säfte auch 1 Flasche Bier oder 1-2 Gläser Rotwein (Weißwein), kalorienarme, hochwertige, nach Möglichkeit ökologisch angebaute, abwechselungsreiche Nahrung. (Prof. Dr. Heinz-Egon Rösch, Institut für Sportwissenschaft, Düsseldorf)

Das Institut für Sportwissenschaft der Universität

Zur Geschichte des Instituts

Das Institut für Sportwissenschaft wird 1979 mit der Errichtung des Lehrstuhls für Sportwissenschaft (Prof. Dr. Heinz-Egon Rösch) begründet und der Philosophischen Fakultät inkorporiert. Es besitzt dadurch Promotionsrecht. Der Bau des Instituts und des umfangreichen Sportstättenkomplexes (Verwaltungsgebäude mit Hörsaal und Seminarräume, Sportmedizinische Einrichtung, Bibliothek, Stadion Typ B, Dreifachsporthalle, Gymnastikhalle, Krafträume usw.) kostet 18,3 Mill. Mark, die Einrichtung 500 000 DM. Besonders verdient um die Errichtung des Instituts hat sich der Gründungsrektor der Universität Düsseldorf, Prof. Dr. phil, Dr. med. Alwin Diemer gemacht. Zu Beginn des Wintersemesters 1980/81 wird das Institut offiziell eröffnet. 1980 wird der Fachbereich Leibeserziehung der aufgelösten Pädagogischen Hochschule Rheinland, Abteilung Neuss, aufgenommen. 1984 wird der Sportmediziner Prof. Dr. Friedhelm Beuker auf eine Professur am Institut für Sportwissenschaft berufen. Am Institut wirken auch zwei Lehrkräfte der ehemaligen Sporthochschule in Teheran: Prof. Dr. Sarkhadun Yaldai und Dr. Ali Golmina. 1986 kommen zwei Dozenten des aufgelösten Studiengangs Sport der TH Aachen dazu, Direktorin Dr. Oda Dombrowski und Studienprofessor Fritz Herkenrath, ehemaliger National-Fußballtorwart, 1991 Prof. Dr. Giselher Tiegel von der Universität Duisburg. Im Rahmen der Strukturreform der Universität will 1995 die Philosophischen

Zitate

„Sportwissenschaft in einer Philosophischen Fakultät - das erinnert an die Einheit von Körper und Geist ... Und das ist einer der Gründe, warum die Philosophische Fakultät, die Pflegestätte der Humaniora, sich glücklich schätzt, die Leibesübungen, ihre Erforschung und Lehre nunmehr in ihrer Mitte zu wissen."(Rektor Professor Dr. Gert Kaiser, damals Dekan der Philosophischen Fakultät, anläßlich der Eröffnung des Instituts für Sportwissenschaft 1980)

„Wir freuen uns, daß das Bild der Sportstadt Düsseldorf mit dem jüngsten Sproß der Universität nun eine neue interessante Komponente erhalten hat. Das Sportwissenschaftliche Institut, zu dessen Aufgaben die Grundlagenforschung für den Sport und die Ausbildung von Sportlehrern gehören, wird ohne Frage mithelfen, das sportliche Ansehen der Landeshauptstadt zu fördern und darüber hinaus das Düsseldorfer Sportgeschehen nachhaltig befruchten."

Fakultät unter anderem auf den Studiengang Sport und damit auf das Institut für Sportwissenschaft verzichten. 1998 wird dieses Ansinnen zurückgestellt. 1996 sind 766 Studierende am einzigen Sportinstitut auf der Rheinschiene des Landes NRW in der Ausbildung.

Studium und Lehre

Am Institut für Sportwissenschaft studiert man für das Lehramt Sekundarstufe II (mit I) und ab Wintersemester 1988/89 als Nebenfach Sportwissenschaft im Magisterstudium. Die Promotion zum Dr. phil. ist als Haupt- oder Nebenfach möglich. Das Studium Lehramt Sek. II dauert 8 Semester. Im Rahmen des Lehramtsstudiums muß ein weiteres Lehramtsfach sowie ein erziehungswissenschaftliches Begleitstudium absolviert werden.

Die Ausbildung im Fach Sport umfaßt - laut Studienordnung - folgende Bereiche:

A: Praxis und Theorie der Sportbereiche und Sportarten: Leichtathletik, Geräturnen, Gymnastik/Tanz, Schwimmen, Badminton oder Tennis oder Tischtennis oder Volleyball, Basketball oder Handball, Fußball oder Hockey, sowie weitere Teilgebiete nach Maßgabe des Lehrangebots: Judo, Rudern, Skilauf, Fitness ... .

B: Sportbiologie, Sportmedizin, Biomechanik, Bewegungslehre, Trainingslehre.

C: Sportpädagogik, Sportgeschichte, Sportpsychologie, Sportsoziologie, Sportpolitik.

D: Sportpädagogik-Sportdidaktik.

Forschung

Neben der Lehre sind die Professoren und Mitarbeiter zur Forschung verpflichtet. Am Institut für Sportwissenschaft gibt es 1997 folgende Forschungsschwerpunkte:
Geschichte des Sports, insbesondere des Sports in der Landeshauptsstadt Düsseldorf *(vgl* Projekt: Sport in Düsseldorf, Gestern + Heute) (Prof. Dr. H.-E. Rösch - Dr- Armin Ader)
Sportgeographie und Sporttourismus (Prof. Dr. H.-E. Rösch)
Menschen mit Behinderungen und Sport (Prof. Dr. H.-E. Rösch, Prof. Dr. S. Yaldai)
Gesellschaftliche Entwicklungen und ihre Auswirkungen auf den Sport (Prof. Dr. H.-E. Rösch, Dr. P. Wastl, Dr. A. Klinge)

Forschung über physische Insuffizienzen unter körperlicher Belastung (Prof. Dr. med. F. Beuker, Dr. Th. Stemper)
Phänotypologische Veränderungen unter Abusus anaboler Steroide (Prof. Dr. med. F. Beuker)
Sporternährung (Prof. Dr. med. F. Beuker)
Innovative Konzepte im Fitness- und Breitensport (Prof. Dr. med. F. Beuker, Dr. Th. Stemper, Dr. P. Wastl)
Studien zu Inhalt und Methodik des Fitness- und Gesundheitstrainings (Dr. Th. Stemper, Dr. P. Wastl., Sportl. A. Klinge)
Evaluation von Studiengängen in der Sportwissenschaft (Dr. Th. Stemper, Dr. P. Wastl)
Innovationen im Sportunterricht (Dr. O. Dombrowski, Dr. P. Wastl, Dipl. Sportl. W. Brodbeck, Sportl. A. Klinge)

Die Publikationsliste des Instituts für Sportwissenschaft umfaßt in den letzten 15 Jahren über 25 Buchveröffentlichungen zu verschiedenen Themen der Sportwissenschaft und des Freizeitsport

---

HochleistungssportlerInnen, die am Institut für Sportwissenschaft studier(t)en:

Sabine E v e r t s (Sabine Thomaskamp) Olympia-Dritte im Siebenkampf der Frauen 1984 in Los Angeles, Europameisterin, vielfache Deutsche Meisterin im Siebenkampf und im Weitsprung, Universiade 1983 Vizeweltmeisterin, Deutsche Hochschulmeisterin

Margit F r e i b e r g , Tischtennis Bundesliga- und Nationalspielerin, Deutsche Hochschulmeisterin

Bernhard S p a n k e , Universiade Vize-Weltmeister im Rudern (Doppelzweier), Deutscher Hochschulmeister

Stefan S c h o e n e , Bundesligspieler und Nationalspieler im Handball

Mathias H u n i n g , Tennis-Bundesligaspieler (TC Großhesselohe München, Düsseldorfer Rochusclub, TC Rot-Weiß Hagen), 1991 Deutscher Vizemeister im Herrendoppel (mit D. Leppen), 1993 Deutscher Meister im Herrendoppel (mit T. Theine), 1994 Halbfinale im Herrendoppel beim Grand Prix in Casablanca, 1996 Teilnahme am Wimbledon-Tennisturnier usw.

Dorothee N e u b e c k , Welt- und Vizeweltmeisterin und Deutsche Meisterin im Formationstanz im Team des TD Rot-Weiß Düsseldorf.

Hochschulsport

Am Anfang steht der Sport an der früheren Medizinischen Akademie, der Vorläuferin der jetzigen Universität. In den Jahren 1932 bis 1936 ist es der Kandidat der Medizin, Walter Doehrn, der die Studierenden in den „Leibesübungen" unterweist, und zwar in Gymnastik, Turnen, Leichtathletik und Boxen. Auch bildet er seine Kommilitonen im Rettungsschwimmen aus. Der spätere Arzt erwirbt sich auf den genannten Gebieten Lizenzen. Er wird von der Akademie gegen ein geringes Honorar mit den Aufgaben eines vielseitigen Sportlehrers beauftragt. In der nationalsozialistischen Ära müssen die Studentinnen und Studenten ohnehin am „Pflichtsport" teilnehmen.

Mit der Gründung der Universität 1966 wird dann auch der Hochschulsport organisiert. Der gewählte Sportreferent des Allgemeinen Studenten-Ausschusses (AStA) der Universität ist zudem der Koordinator des Hochschulsports. Mit der Errichtung des Instituts für Sportwissenschaft 1979/80 und den dazugehörigen Sporstätten erhält auch der Hochschulsport starke Impulse, Der „sport dies" (Sporttag) der Universität (vorlesungsfreier Tag) wird nun regelmäßig durchgeführt. Bis zu 120 Sportgruppen nehmen an dem vielfältigen Sportprogramm teil. Das wöchentliche Sportprogramm des Hochschulsport bietet bis zu 60 Sportarten an - eine Vielfalt, wie sie kein Düsseldorfer Sportverein aufzuweisen hat.

Die Sportreferenten sind ab 1977 Josef Halbekann, Erich Knolle, Thomas Schäfer, sodann ein Leitungsteam unter Volker Seidel und jetzt Adriano Mattioli, Ana-Maria Zulj, Christian Winklhöfer, Achim Bremer, Gabi Abu-Omar, Tatiana Froitsheim, Sascha Nicolic. Dem Hochschulsport an der Universität ist auch der der Fachhochschule Düsseldorf angeschlossen. Vielfach müssen weitere Sportstätten in der Stadt angemietet werden, um der Nachfrage der wöchentlich ca. 3500 TeilnehmerInnen gerecht zu werden. Der Hochschulsport ist selbständig und unabhängig und kooperiert mit dem Institut für Sportwissenschaft. Über einen Teil der Finanzen, die sich aus den studentischen Beiträgen ergeben, entscheidet ein Dreierausschuß, bestehend aus je einem Vertreter des Hochschulsports, der Verwaltung und dem Geschäftsführenden Leiter des Instituts für Sportwissenschaft. Am Hochschulsport nehmen auch die Bediensteten der Universität teil. Sie müssen einen besonderen finanziellen Beitrag leisten.

Das Programm des Hochschulsports ist in erster Linie breitensportlich ausgerichtet, doch können Studierende auch an den Deutschen Hochschulmeisterschaften in den verschiedenen Sportarten teilnehmen

USC Düsseldorf

An der Heinrich-Heine-Universität Düsseldorf besteht auch ein Universitätssportclub (USC). Er wird von dem Gründungsrektor der Universität Düsseldorf, Prof. Dr. phil. Dr.med Diemer und Oberverwaltungsdirektor Pütz ins Leben gerufen. Beide sind sehr aufgeschlosenfür den Sport an der Universität. Der USC bietet heute an: Tennis, Gymnastik und Volleyball. Die Vorsitzenden sind nach Professor Diemer der Medizinhistoriker Prof. Dr. Hans Schadewaldt und dann Prof. Dr. Joachim Walter Schultze.

Freizeitsport

In der freien Zeit sich sportlich und spielerisch zu betätigen ist sinnvoll genutzte Zeit. Der körperliche Ausgleich für monotone Arbeit, für sitzende Tätigkeiten ist nicht nur bekömmlich für die Gesundheit, sondern auch für das allgemeine Wohlbefinden (Wellness), für die Harmonie von Körper-Geist-Seele des Menschen in jedem Alter.

Neben den bereits dargestellten Spiel- und Sportarten gibt es auch eine Fülle weiterer Spiele und Sportaktivitäten, die man ungezwungen in der Freizeit ausüben kann. Dazu zählen Radfahren und Wandern, die in den Untersuchungen zum Freizeitverhalten der Bevölkerung einen hohen Rang einnehmen, ebenso - mehr traditionell - Schwimmen und Gymnastik in spielerischer Form.

Modernere Formen des Freizeitspiel- und -sportverhaltens zielen auf Erlebnis und Abenteuer. Sie manifestieren sich zum Beispiel im Biking, Free-Climbing, Snowboarding, Inline-Skating, Paragliding, Drachenfliegen. Mit Beweglichkeit und Gewandtheit operieren Artistik und Jonglieren. Besinnlicher hingegen sind Boulespiel, Kegeln, Fresby, Angeln, Schach. Ähnlich wie bei gesellschaftliche Prozessen, so werden im Sport, und hier im Freizeitsport, immer neue Bewegungsmöglichkeiten entwickelt und ältere verschwinden von der Bildfläche des Lebens.

Die breite Palette an Freizeitsport findet man überall in Düsseldorf. Am neuen Rheinufer gleiten die Inline-Skaters, am Schauspielhaus sind die Skaters und Bikers mit ihrer Show dabei, dem Schauspielhaus den Rang abzulaufen. Boule findet man am Nordpark und am Südpark (Volksgarten), unter der Kniebrücke am Oberkasseler Rheinufer, in Gerresheim auf dem Alten Markt, in der Karlstadt auf dem Platz vor der Mariensäule.

Die Düsseldorfer Königsallee als „Sportmeile"

Die Königsallee („Kö") ist nicht nur eine weltbekannte Flanier- und Einkaufsmeile, sie ist auch ein exzellenter Sporttreff. Keine Stadt in Deutschland hat in ihrem Herzen eine solche „Sport-Meile" wie Düsseldorf. Dreimal im Jahr finden dort statt: 1. Der Wettbewerb der „Radschläger", 2. das Radrennen „Rund um die Kö", und 3. der „Kö-Lauf". Kommt noch hinzu, daß sich am Kö-Graben einer der schönsten Radwege entlangzieht, auf dem man beschaulich oder geschäftlich radeln kann.

Die Radschläger

„Rad schlagen" neben dem Rad eines fahrenden Wagens (Kutsche) ist wohl das Motiv der Radschläger um „Eene Penning!" zu betteln. Die turnerische Geschicklichkeit des Radschlagens erfährt durch diesen alljährlich kultivierten Wettbewerb zusätzlich das Signum eines „National-Lokal-Sports" (Kordt) in der Pflege dieses speziellen Düsseldorfer Brauchtums, dem sich der Heimatverein „Alde Düsseldorfer", das Düsseldorfer Stadtmuseum (Dr. Heppe) und die Stadt-Sparkasse Düsseldorf annimmt. Der Ursprung des früher auf dem Karlsplatz ausgetragenen Radschläger-Turniers liegt im grauen Dunkel der Vergangenheit. Nach dem Krieg wird es 1952 - 1971 erstmals auch mit Mädchen - ausgetragen. Der Wettbewerb hat bis heute seine Begeisterung bei vielen Schulkindern nicht verloren.

Radrennen „Rund um die „Kö"

1968 findet zum ersten Male das Internationale Straßen-Radrennen „Rund um die Kö" statt. Initiator dieser besonderen Sportveranstaltung in Düsseldorf ist damals Dr. Günter Kraheck, der Vorsitzende des RV Rad Ratingen. Die Rundstrecke im Herzen Düsseldorfs beträgt 80 Runden zu 1100 Meter, insgesamt 88 Kilometer. Bereits im ersten Jahr fährt der Holländer Jan van Katwyk den Streckenrekord, der danach 27 Jahre nicht unterboten wird. Erst 1996 gelingt es Andreas Beikirch, diesen Dauerbrenner zu brechen. Er gewinnt in 1 Stunde und 58 Minuten. Udo Hempel, Ralf Stambula und Andreas Beikirch sind die bisher besten Fahrer. Beikirch gewinnt das Kö-Radrennen in den vergangenen vier Jahren in Folge. Als Ausrichter wechseln die Düsseldorfer Radsportvereine jährlich in der Organisation der Wettbewerbe ab. 1996 ist es der RC Düsseldorpia 1890, der zum ersten Male auch einen Mountainbike-Parcour installiert.

Seit Anbeginn steht diese traditionsreiche Veranstaltung unter der Schirmherrschaft der Kreissparkasse Düsseldorf und der Stadt-Sparkasse Düsseldorf.

Internationaler Kö-Lauf

Zum 9. Mal wird, 1996 zum 50. Landesjubiläum NRW, der Kö-Lauf ausgetragen. Die Lauf-Begeisterung hat sich weltweit bei den großen Städte-Läufen (Stadt-Marathon, Triathlon usw.) durchgesetzt, so auch in Düsseldorf, wo die Laufstrecken nicht so lange sind. Dafür ist der Kö-Lauf eine Besonderheit, deren lokaler Charakter nicht nachahmbar ist. Vor mehr als 20 000 Zuschauern beteiligen sich über 3 500 Läuferinnen und Läufer aller Altersklassen an diesem Kö-Lauf, angefangen von den Bambini (1,3 km), über den „Lauf für Alle" (4 km), dem Internationalen Frauenlauf (10 km) bis zum „Internationalen Lauf der Asse" (10 km) und dem Höhepunkt, der „Kö-Meile" (1609 m). Außerdem wird eine 4 x 400 Meter-Staffel der Düsseldorfer Schulen gelaufen. Ausrichter dieses Laufspektakels ist die DJK-LG Düsseldorf, der SFD 75 und der Hauptsponsor „Rheinische Post". Der routinierte Organisationsleiter Karl-Heinz Engels vom Stadtsportamt hat das Laufgeschehen fest im Griff.

Läuferinnen und Läufer aus 33 Nationen sind 1996 am Start, wobei den Akteuren aus Afrika (Kenia, Simbabwe, Tansania usw.) besondere Aufmerksamkeit gilt, denn sie zählen in den vergangenen Jahren zu den erfolgreichsten internationalen Athleten. So belegen 1996 beim „Lauf der Asse" sieben Afrikaner vor dem ersten Europäer die vordersten Plätze. Die „Kö-Meile" gewinnt der Vorjahressieger, der Kenianer Stephen Olemarai in 4:07,05 Min. vor dem Polen Vieslaw Paradowski (4:07,44 Min.). Beim Frauenlauf ist die Belgierin Marleen Renders über 10 km in 32;36 Min. überlegene Siegerin.

Sportliche Motive in Düsseldorfer Museen

Bereits auf der GESOLEI 1926 werden Kunstobjekte, die (indirekt) mit den Leibesübungen und dem Sport zu tun haben, gezeigt, darunter das eindruckvolle Bild „Die Läufer" von Robert Delaunay (1885-1941). - Auf der Suche nach sportlichen Motiven wird man heute in den Museen der Kunststadt Düsseldorf fündig. Sie sind dem allgemeinen Publikum kaum, dem Kenner jedoch recht bekannt. Die Bilder möchten daher diese Motive den Sportlern näherbringen. Die hohe Kunst des Balletts darf dabei nicht fehlen, wie z. B. die der Deutschen Oper am Rhein.

Kunstsammlung Nordrhein-Westfalen

In dem modernen, eleganten Museum am Grabbeplatz befinden sich u.a. vier Objekte, die in weitem Sinne mit Sport, Freizeit, Bewegung zu tun haben.

Zu den Dauerleihgaben in der Kunstsammlung gehört das Bild *Blaue Artisten* (1914) von *Ernst Ludwig Kirchner* (1880-1938). Nach seiner Übersiedelung von Dresden nach Berlin 1911, widmet sich Kirchner dem Großstadtleben. In dieser Zeit fällt die Entstehung der Blauen Artisten. „In luftiger Höhe balancieren die Artistinnen im blauen Trikot auf dem Hochseil und am Trapez. Der Sog des schachtartigen Raumes wird durch die Verspannungen des Auffangnetzes gemildert. Aus der Tiefe blicken die Zuschauer zu den Artistinnen empor. In der Verschiebung und Zusammenziehung des Raumes thematisiert Kirchner Höhenangst, vor der die Zirkusbesucher insgeheim erschauern. Die angespannte Konzentration drückt sich in den starren, kantigen und spröden Formen aus..." (Volkmar Essers. In: anno, Jahresbericht Kunstsammlung NRW 93/94, S. 26)

Ein weiteres Motiv, aber ganz anderer Art, sind die Artisten von *Fernand Léger* (1881-1955). Es ist das munmentale Gemälde *Adam und Eva* (228 x 324,5 cm), das Léger zwischen 1935 und 1939 geschaffen hat. Durch Professor Werner Schmalenbach, dem deutschen Biographen Légers und langjährigen Direktor der Kunstsammlung, gelangt das Bild in eine der weltweit besten Sammlungen. Der Name für das Gemälde „Adam und Eva" täuscht zwar, denn der dem Sozialismus zugewandte Meister hat mit religiösen Motiven wenig gemein. Adam und Eva sind Artisten, Bewegungskünstler, die zwar etwas steif dastehen, wohl aber ihre Show präsentieren. Der Künstler nannte die beiden einfach „Adam" und „Eva". Die Blumen in der Hand von Eva mögen an das Paradies erinnern, der Zauberstab, mit der Schlange, gemahnt an die Schlange der Versuchung. Vielleicht will Léger aber auch die Polarität zwischen dem starren Stab und der lebendigen Schlange andeuten. Die Tätowierung auf dem Arm von Adam soll wohl zum Ausdruck bringen die Kraftdarstellung des Körpers, mit dem der Arbeiter protzt. Léger hat viele gesellschaftlich relevante „sportliche Motive" in Bildern umgesetzt, wie zum Beispiel seine Freizeitmenschen mit Fahrrädern, zu denen er eine eigene Beziehung hat.

Das Mädchen aus dem Westen (1919) von *Carlo Carrà* (1881-1966) könnte auch eine Tennisspielerin sein. Schläger und Ball deuten darauf hin. Die Leere der Landschaft (und des Kopfes) paßt in diesen Zuschnitt. Ähnliche Motive finden sich bei Giorgio de Chirico (1888-1978). Das Bild, das der Gattung der „Pittura metafisica" (1917-1920) angehört, will durch magische Gegenwärtigkeit der vereinzelten Dinge (Schläger, Ball) und scheinbar mechanisierte Menschen (Schneiderpuppenfigur) eine Gegenposition zum Futurismus, insbesondere dessen Betonung der Funktionalität der Dinge und gleichzeitiger Wiedergabe zeitlich aufeinanderfolgender Eindrücke vermitteln.

Die *Tänzerin* von *Paul Klee* (1879-1940), der in Düsseldorf als Akademieprofessor wirkt, von den Nationalsozialisten aber verkannt und 1933 vertrieben wird. Sie ist ein skizzenhafter Beweis seiner differenzierten, von Poesie und feinem Humor geprägten künstlerischen Schaffens. Seine elementare Symbol- und Zeichensprache reduzieren die Bewegung der Tänzerin auf ein Minimum von großer Aussagekraft. Die 1938 entstandene Tänzerin läßt aber noch eine andere Deutung zu, die mit der Biographie des Künstlers im Schweizer Exil zusammenhängt. Die Tänzerin hält beschwörend die Arme und Hände in die Höhe, der Tänzer rechts im Hintergrund wirkt martialisch, Zeichen einer Ahnung des Künstlers vor dem drohenden Unheil des Krieges. Die Tänzerin könnte daher auch eine Affinität zum „Totentanz" haben, von dessen Darstellungen die Heinrich-Heine-Universität in der Sammlung von Professor Hans Schadewaldt den größten Anteil in der Welt besitzt.

Stadtmuseum Düsseldorf

Im Düsseldorfer Stadtmuseum sind nicht nur die handkolorierten Turnierszenen von Graminäus' Fürstenhochzeit (1585) zu sehen, sondern auch ein Gemälde aus dem Jahre 1926. Es stellt das *Rheinstadion* während einer Großveranstaltung mit dem Reichspräsidenten Paul von Hindenburg dar. Es stammt von dem Düsseldorfer Maler *Wilhelm Schreuer* (1866-1933). Das Bild läßt die Atmosphäre im alten Rheinstadion gut zum Ausdruck bringen, wenn auch die vornehm schwarz gekleideten Herren im Vordergrund eher der Welt der damaligen Oper entsprungen sein könnten.

Hetjens-Museum Düsseldorf, Deutsches Keramikmuseum

Im Düsseldorfer Hetjens-Museum befindet sich eine antike Schale, die einen *Weitspringer mit Sprunggewichten* (Halteren) auf der Innenseite darstellt. Die rotfigürliche, attische Schale stammt aus der Zeit um 510 v. Ch.. Die Sprungphase des Weitspringers wird vom unbekannten Künstler gut herausgearbeitet. Der Weitsprung ist in der griechischen Antike der zweite Wettbewerb im Pentathlon (Fünfkampf) und wird zumeist von einem Flötenspieler begleitet. Dieser setzt rhythmische Impulse für den wohl in fünf Sprungphasen (Fünfsprung) springenden Athleten. Neuere Untersuchungen von Olympiasieger Harald Schmid und Prof. Dr. Norbert Müller (Mainz) bestätigen die Annahmen der Fachwelt, daß der Weitsprung ein „Fünfsprung" ist.

Im Museum befindet sich noch eine weitere antike Vase. Sie stammt aus der geometrischen Epoche der Vasenmalerei und wird um 730 v. Chr. datiert. Auf der Vase gibt es in schwachen Umrissen Pferde-Rennwagen (Quadrigen, Trigen und Bigen) zu sehen, ein Exponat, das auch von seiner Größe und seiner Form beeindruckt.

Der ebenfalls ausgestellte *Diskus* aus Bronze stammt aus dem 5. Jh. v. Chr. Er ist eine Nachbildung des beim Achaia Tempel auf der griechischen Insel Aegina gefundenen Originals, das ebenfalls einen in die Bronze eingeritzten Weitspringer und einen Speerwerfer zeigt. Das Objekt gehört dem Institut für Sportwissenschaft der Heinrich-Heine-Universität Düsseldorf.

Es gibt sicherlich noch weitere interessante sport-, spiel- und bewegungsbezogene Motive in den Düsseldorfer Museen und Galerien. Diese kleine Auswahl mag genügen, um auf das Verhältnis von „Kunst und Sport" aufmerksam zu machen.

(Vergleiche Seite 47)

Univ.-Professor Dr. Heinz-Egon Rösch

50 JAHRE STADTSPORTBUND (SSB) DÜSSELDORF

Festansprache

am 20. Mai 1996 im Rathaus der Stadt Düsseldorf, anläßlich des Empfanges der Landeshauptstadt Düsseldorf zum 50jährigen Bestehen des Stadtsportbundes.

Sehr verehrte Frau Oberbürgermeisterin, sehr geehrter Herr Präsident des Landessportbundes, sehr geehrter Herr Vorsitzender des Stadtsportbundes, werte Festversammlung,

es ist nicht einfach, innerhalb der kurzbemessenen Zeit ausführlich auf die Geschichte des Stadtsportbundes einzugehen. So lassen Sie mich nur einige Rosinen aus dem großen Kuchen Stadtsportbund herauspicken. Doch zunächst bedarf es noch einiger Passagen zur Geschichte des Sports in der Stadt Düsseldorf vor der Zeit der Gründung des Stadtsportbundes.

Von den Anfängen des Sports in Düsseldorf bis zum Stadtsportbund

Die Anfänge des Sports in Düsseldorf finden sich in den Schützenbruderschaften des Mittelalters, so in der St. Sebastianus-Bruderschaft (heute Schützenverein) - vermutlich 1316 gegründet - nachgewiesen 1410 in Derendorf, 1428 in Kalkum, 1431 in Wittlaer, 1436 in Hamm, 1450 in Angermund, 1455 in Gerresheim und 1467 in Kaiserswörth. Um ihre Gemeinden beschützen zu können, mußten die „Schützen" ihre Sinne und den Körper trainieren.

Die Fürstenhochzeit zwischen Herzog Johann Wilhelm von Jülich-Kleve-Berg und Jakobe von Baden 1585 in Düsseldorf wird von Graminäus beschrieben und in dessem Auftrag werden die Szenen der Reit-, Fecht- und Fußturniere in Kupfer gestochen.

Das 19. Jahrhundert wird zunächst vom Turnen bestimmt. 1815 wird der erste Turnplatz der Rheinlande für die Schüler des Gymnasiums im Hofgarten eingerichtet. „Turnvater" Jahn hat ihn konzipiert. Die Turnsperre hemmt zunächst die Weiterentwicklung des Turnens. 1847 wird der erste Turnverein gegründet, der nun allen Bürgern von Düsseldorf offensteht. Er unterstützt die demokratischen Entwicklungen in unserer Stadt - ein Zeichen für die Verbundenheit von Stadt- uund Sportgeschichte.

Der erste städtische Turnlehrer, Moritz Eichelsheim, ist viele Jahre lang in den Düsseldorfer Schulen im Turnunterricht tätig. Unter Aufsicht einer Anstandsdame unterrichtet er auch in der Mädchen-Luisenschule. Er schreibt 1885 einen „Leitfaden für den Turn-Unterricht in Volks- und Mittelschulen. Die ersten Turnlehrerinnen folgen mit Klara von Heybowitz, Marie Grosse, Emma Sundmacher und Anna von Petersdorff, die an den Mädchenschulen unterrichten. 1886 wird am Realgymnasium der erste Schülerturnverein gegründet.

Die Spielbewegung um 1880 bringt Schwung in die verkrusteten, drillmäßigen Turnübungen. Der Amtsrichter Emil Ferdinand Hartwich initiiert 1882 in Düsseldorf den „Zentralverein für Körperpflege in Volk und Schule". Sein Büchlein „Woran wir leiden - freie Betrachtungen und praktische Vorschläge über unsere moderne Geistes- und Körperpflege in Volk und Schule" (Voß, Düsseldorf 1881) findet ein großes Echo in Stadt und Land. Neben dem Turnen setzt Hartwich Akzente für Spiele, Baden, Schwimmen, Rudern, Eislaufen und Wandern in frischer Luft. Der lebenslustige Hartwich - Sportler, Maler, Cellist - verliebt sich jedoch in die Frau seines Freundes Armand , Elisabeth von Ardenne. Der nach Berlin versetzte Rittmeister hört vom Treiben der beiden. Er fordert Ferdinand zum Duell. Die Kugel trifft Ferdinand tödlich. Stoff genug für Theodor Fontanes „Effi Briest"! Auch das ist Düsseldorfer Sportgeschichte.

Um die Jahrhundertwende gibt es in Düsseldorf 11 Turnvereine wie zum Beispiel die Turngemeinde TG 1881, die Turn- und Rasensport-Union TURU 1880, die TSG Benrath 1881, den Rather Turnverein 1890, heute ART. Die Turnvereine schließen sich am 1. Oktober 1896 zum „Verband der Turnvereine Düsseldorfs" zusammen. Er ist, wenn man so will, der Vorläufer des Düsseldorfer Stadtsportbundes, der somit in diesem Jahr nicht nur 50, sondern 100 Jahre bestünde. Der Turngau Düsseldorf richtet 1911 das 5. Rheinische Kreis-Turnfest aus, das die Düsseldorfer begeistert mitfeiern.

Die Sportbewegung findet in Düsseldorf ihren ersten Exponenten im Düsseldorfer Ruderverein, der 1880 gegründet wird. Ihm folgen die „Germania" und die „Rudergesellschaft Benrath". Doch zuvor huldigt man in Düsseldorf bereits dem Pferdesport. 1836 wird nach englischem Vorbild das erste Pferderennen - damals in der Golzheimer Heide - ausgetragen. Tennis wird zum ersten Male in Düsseldorf 1896/97 erwähnt. Die Unternehmerfamilien Poensgen, Deus und Feldmann spielen auf zwei Plätzen in der Nähe der Rochuskapelle, woher der Name „Rochusclub" herrührt.

Der Düsseldorfer Sportclub wird 1899 aktiv und Fußball ist zunächst ab 1895 im Turnverein in Flingern zu Hause, bevor dann später die „Fortuna" daraus wird. Deshalb durfte sie im vergangenen Jahr ihr 100jähriges Jubiläum begehen. Weitere Fußballvereine folgen.

Radsport wird zur Jahrhundertwende großgeschrieben. Die Düsseldorpia wird 1890 gegründet und es gibt bis zum Ersten Weltkrieg 19 Radfahrervereine, darunter zwei für Radlerinnen, „Germania" und „Edelweiß". Die Vereine, die heute außer der Düsseldorpia nicht mehr existieren, tragen klangvolle Namen wie „Blitz", „Adler", „Schwan", „Venus", „Durch Wald und Feld", „Flott-Weg" und der Arbeiter-Radfahrerverein „Frisch-Auf", der 1898 startet.

Weitere Sportarten treten hinzu wie Boxen und Ringen, Leichtathletik und Schwimmen; Tischtennis, Eislaufen, Eishockey, Kajak-Kanu-Sport und, neben Fußball, Spiele wie Faustball, Hockey und Handball, nicht zu vergessen Angeln und Schach usw.. Sie können hier und heute leider nur erwähnt werden.

Nach dem Ersten Weltkrieg wird in Düsseldorf ein neuer Anfang gemacht. 1925 wird das Rheinstadion als eine der größten und besten Sportstätten in Europa dem Düsseldorfer Sportpublikum und den Vereinen übergeben. Es wird mit dem Fußball-Länderspiel Deutschland-Niederlande vor 60000 Zuschauern eröffnet. Mit der Ausstellung GESOLEI (Gesundheit, soziale Fürsorge, Leibesübungen) 1926 und den damit verbundenen Sportverbandstagungen und Symposien erhält der Sport in Düsseldorf auch in der breiten Bevölkerung starke Impulse.

Neben den traditionellen bürgerlichen Turn- und Sportvereinen bildet sich in der Zeit der Weimarer Republik auch die Arbeiter- Turn- und Sportbewegung aus, so der Radfahrerbund „Solidarität", dann die mehr weltanschalich ausgerichteten Verbände wie die evangelische „Eichenkreuz-CVJM", der jüdische Turn- und Sportverband „Maccabi" und die vorwiegend katholisch orientierte „Deutsche Jugendkraft" (DJK), die seit 1920 ihren Hauptsitz in Düsseldorf hat und von denen es in Düsseldorf zwölf Vereine gibt.

Bekannt sind die Abendsportfeste der Düsseldorfer Leichtathletik. Weltklasseläufer wie der sechsfache Olympiasieger Paavo Nurmi und Dr. Otto Peltzer sind dabei am Start. 1933 wird die Fortuna Deutscher Fußballmeister.

Im nationalsozialistischen Staat wird der Sport in den Verbänden und Schulen „gleichgeschaltet" und an Stelle der demokratischen Vereinsstruktur das „Führerprinzip" eingeführt. Der Arbeiter-Turn und Sportbund (ATSB), die „Solidarität" werden 1933, die DJK und Eichenkreuz 1935 verboten. Der Leiter der DJK, Adalbert Probst, wird von der Gestapo 1934 erschossen. Der Sport gerät in das nationalsozialistische Fahrwasser und wird ideologisch entfremdet.

Der Stadtsportbund Düsseldorf

Nach dem Zweiten Weltkrieg erholt sich der Sport in Düsseldorf erst allmählich von den großen Verlusten an Menschen, an Spiel- und Sportstätten. Der Wille zum Wiederaufbau regt sich in den Sportlerinnen und Sportlern und so wird bereits am 19. Januar 1946 der „Ortsverband Düsseldorfer Sportvereine" - so heißt der Stadtsportbund damals - gegründet. Er befaßt sich zunächst mit einer Satzung. Der Verband wird am 14. Oktober des gleichen Jahres in das Vereinsregister eingetragen.

Den ersten geschäftsführenden Vorstand leitet der Düsseldorfer Kaufmann Heinrich Schlosser, dem Wilhelm Bittner und Hans Wilcke als Stellvertreter zur Seite stehen. Das Wirken des Vorstandes und der vielen anderen Vereinsvorstände und Mitglieder ist mit unvorstellbaren Schwierigkeiten verbunden. Düsseldorf ist nach 240 Luftangriffen und ca. 1,3 Millionen Bombeneinschlägen ein großes Trümmerfeld. Von den einst 540 000 Einwohnern leben damals noch 200 000 in der Stadt.

In einer kurzen Geschichte des Stadtsportbundes Düsseldorf ist über diese Zeit zu lesen: „In diesen finsteren Tagen bot der Sport für viele Menschen einen der wenigen Lichtblicke. Diese Perspektiven sind zum großen Teil Männern der ersten Stunden nach dem Zweiten Weltkrieg zu verdanken. Beim DSC 99 an der Windscheidstraße wurden zwanzig Bombentrichter zugeschüttet, um dort den Sportbetrieb wieder aktivieren zu können. Fortuna arrangierte sich mit der englischen Besatzungseinheit Royal Engineers, um ihren Platz am Flingerbroich wieder benutzen zu können ..."

Zur weiterem Entwicklung des Stadtsportbundes seien noch folgende Ereignisse hervorgehoben:

» Im Zusammenhang mit der Redemokratisierung kommt es zu zahlreichen sportlichen Meetings mit der britischen Rheinarmee. So endet das erste Nachkriegs-Fußballspiel der Düsseldorfer Stadtmannschaft gegen eine Auswahl der 53. Division der Rheinarmee im damals beschlagnahmten Rheinstadion vor 20 000 Zuschauern mit 2:3 Toren.

» Das beschlagnahmte Vereinsvermögen wird durch die Vermittlung des Verbandes nach und nach wieder zurückgegeben, so daß sich das sportliche Leben in Düsseldorf wieder voll entfalten kann.

» Die Turn- und Sportvereine konsolidieren sich, und die sportlichen Erfolge in den einzelnen Sportarten wie Fußball, Tennis, Tischtennis, Rudern, Segeln, Kanu-Kajak-Kanadier, Eishockey, Eiskunstlaufen, Handball, Radsport, Schwimmen, Tanzen, Boxen, Fechten Billard, Basketball der Damen, im Faustball und in der Leichtathletik können sich bis heute sehen lassen. Der beträchstlichen Länge der Titel und Namen wegen muß hier auf eine Aufzählung verzichtet werden.

» Städtepartnerschaften - zum Beispiel mit Gent in Belgien - werden auf Stadtsportbundebene aufgebaut und gepflegt.

» Die Vorsitzenden des Stadtsportbundes prägen gemeinsam mit ihren Vorständen engagiert die Geschichte des Verbandes. Nach Heinrich Schlosser sind es Dr. Eduard Tenfelde, Dr. Kurt Krumeich, Kurt Bociek, Georg Becker, Josef Bowinkelmann, Heinzotto Gladen und jetzt Heinrich Tepper. Seit 1965 ist als Klammer durch die letzten Jahrzehnten des Stadtsportbundes Willi Eulenberg als stellvertretender Vorsitzender tätig.

» Im ständigen Kontakt mit den Vereinen, mit dem Stadtsportamt der Stadt Düsseldorf und den Stadtsportamtsleitern - und hier sei der stets engagierte Karl-Theo Kels hervorgehoben - mit den Schulen und Hochschulen, mit dem Sportausschuß des Stadtrates bemüht sich der Stadtsportbund um die sportlichen, organisatorischen, sozialen, politischen und kulturellen Aufgaben des Sports in Düsseldorf. Als ein großes gemeinsames Werk aller ist das 1972 fertiggestellte Rheinstadion mit seinen weitläufigen Anlagen, sowie der Ausbau der Bezirkssportanlagen zu nennen.

» Gemeinsame Projekte und Programme mit den 380 Vereinen und ihren mehr als 113 000 Mitgliedern bieten zum Beispiel das Trimm-Festival 1990, an dem sich über 100 0000 Düsseldorfer beteiligen, die verschiedenen Aktionen des Landes- und Deutschen Sportbundes, die Spiel-, Sport- und Fitness-Aktionen gemeinsam mit der Messe „aktiv-leben" und der REHA, gemeinsam mit dem Behindertensportverband Nordrhein-Westfalen. Diese Aktionen dienen auch dem nicht organisierten Breiten- und Freizeitsport und damit auch der Gesundheit und der Erholung der gesamten Bevölkerung.

» In den vergangenen Wochen und Monaten habe ich eine Reihe von Düsseldorfer Sportvereinen besucht und mit sehr engagierten Vorstandsmitgliedern gesprochen. Dabei wurde deutlich, wie das „Ehrenamt" im Verein sehr viel Arbeit mit sich bringt. Aber auch die Nöte und Probleme der Vereine tun sich dabei auf. Zu nennen sind hier die Konkurrenzen durch den kommerzialisierten Sport wie Fitness-Studios, Krankenkassen, Bildungseinrichtungen usw.. Die neuesten Trends im Erlebnis- und Abenteuersport können und wollen die Vereine nicht so ohne weiteres in ihre Angebote einbeziehen. Ich meine, daß dieser Sport in den neuen zumeist individualstischen und teils sehr egoistischen Sportarten zwar zu bejahen ist, aber leider das soziale und kulturelle Gefüge, die menschliche Geborgenheit im Verein nicht ersetzen kann.

Sport als sozialer und kultureller Faktor in der Stadt

Lassen Sie mich zum Schluß noch zwei Gedanken über den Sport als sozialen Dienst und als kultureller Faktor in einer Stadt wie Düsseldorf zum Ausdruck bringen.

Sozialer Dienst

Spiel und Sport sind Übungsfelder der persönlichen und mitmenschlichen Fairneß, des gemeinsamen Umgangs mit den ausländischen Mitbürgern. Sport und Spiel sorgen für Begegnungen mit behinderten Menschen, mit älteren Frauen und Männern. Bewegung, Spiel und Sport vermitteln - sozialpsychologisch gesehen - Freude und Geselligkeit. Sie dienen der Prävention und Rehabilitation von Verletzungen, Krankheiten und Sucht. Diese Dienste sind für die Wohlfahrt einer Stadt und ihrer Bewohner unschätzbar wertvoll. Dafür setzen sich die Vereine und mit ihnen der Stadtsportbund mit großem Elan ein.

Kultureller Faktor

„Die Idee des Sports ist kulturell und sozial geprägt. Er ist ein Kulturphänomen auf biologischer Basis", so formuliert einmal der Philosoph und Olympiasieger im Achter 1960, Professor Dr. Hans Lenk. Der Deutsche Bundestag beschreibt 1986 „Bewegung, Spiel und Sport als ´kommunale`

Kultur". Sport ist wie andere Bereiche menschlichen Lebens „Alltags-kultur". Der Stadtsportbund Düsseldorf und seine Vereine haben sich diese Kultur zu eigen gemacht.

Um so weniger ist das Ansinnen zu verstehen, das bewährte und lebendige Institut für Sportwissenschaft und die Sportlehrerausbildung aufzugeben. Wir haben für die Sache des Sports und der Sportwissenschaft, die seit der griechischen Antike der harmonischen Menschenbildung dienen und letztlich für die aufgezeigten sozialen und kulturellen Werte des Sports vehement demonstriert. Der Stadtsportbund, dem Sport verbundene Politiker aus allen Parteien, Sport- und Sportwissenschaftsverbände haben sich der Petition angeschlossen. Die größte Gefahr für das Ende scheint jedoch einer vernünftigen Einsicht gewichen zu sein. An dieser Stelle darf ich den Dank des Kollegiums und der über 700 Studierenden des Instituts für Sportwissenschaft übermitteln. Helfen Sie, werte Frau Smeets, sehr geehrte Herren Winkels und Tepper auch weiterhin mit, daß Sport und Sportwissenschaft an der Universität der Kultur der Stadt und der Region Düsseldorf erhalten bleiben.

Wie sehr Bewegung, Spiel und Sport dazu beitragen ein Stück Stadtkultur zu sein, das wird deutlich werden am 15. Oktober anläßlich der großen Ausstellung „Sport in Düsseldorf - Gestern und Heute", das das Institut für Sportwissenschaft gemeinsam mit der Stadt-Sparkasse zum 50jährigen Bestehen des Stadtsportbundes mit Hilfe der Düsseldorfer Sportvereine, kultureller Einrichtungen, des Stadtsportamtes, der Schulen und weiterer Institutionen gestaltet. Auf über 60 Schautafeln wird städtische Sportgeschichte, wird urbane Bewegungskultur dargestellt und in Exponaten verdeutlicht. Zu dieser Ausstellung dürfen wir Sie alle schon jetzt aufmerksam machen und zum Besuch einladen.

Möge der Stadtsportbund weiterhin ein Garant sein für die Kultur des Alltags durch Bewegung, Spiel und Sport in unserer Stadt!

DÜSSELDORFER SPORTVEREINE IM STADTSPORTBUND (SSB)

(Stand: April 1998)

1	1. Akido-Club Düsseldorf
2	1. City Minigolf-Club „Die Caddys"
3	1. Düsseldorfer Football-Club 1978 „Panther"
4	1. Düsseldorfer Squash und Racket Club
5	1. FC Türkgücü Düsseldorf
6	1. Reitercorps Gerresheim 1926
7	1. Vorderlader-Schützen-Club Düsseldorf
8	Akademischer Segelverein Düsseldorf
9	AKKU-Pritsch (IG Volleyball)
10	Allgemeinerverein Düsseldorf 1981
11	Allgemeiner Rather Turnverein 1877/90
12	Alpiner Ski- und Tourenclub
13	American Football-Club „Bulldozer"
14	American Football-Club 88er
15	Angelfreunde Düsseldorf
16	Angelsportverein „Gut Biss" 1960
17	Angelsportverein „Petri Heil" 04
18	Angelsportverein Albertussee Düsseldorf-Heerdt
19	Angelsportverein Düsseldorf und Wittlaer
20	Angelsportverein Düsseldorf-Heerdt 1949
21	Angelsportverein Düsseldorf-Niederkassel 1949
22	Angelsportverein Düsseldorf-Oberkassel 1928
23	Angelsportverein Hasseler Hechte 1970
24	Angelsportverein Henkel
25	Angelsportverein Münchhausen-Wersten 1932
26	Angelsportverein „Petri Jünger" 1963
27	ASC Düsseldorf - Athletic Sportclub -
28	ATC Angermunder Tennisclub
29	Badminton Club Schwarz Weiß 1954
30	Badminton Team ´80
31	Badminton-Club Düsseldorf
32	Ballon-Club Niederrhein 1971
33	Ballon-Club Barbarossa
34	Ballonfreunde an der Düssel
35	Ballspielverein 04 Düsseldorf
36	Ballspielverein Hassels 1912
37	Barakuda Club Düsseldorf
38	Behinderten Sportgemeinschaft Düsseldorf-Benrath 1959

39	Behinderten Sportgemeinschaft 1947 Düsseldorf
40	Behinderten Sportgemeinschaft Düsseldorf-Oberkassel
41	Benrather Tennisclub von 1931
42	Betriebssportgemeinschaft Rheinmetall 1961
43	Betriebssportgemeinschaft Stadtwerke Düsseldorf AG Tennis
44	Betriebssportgemeinschaft Stadtreinigungsamt Düsseldorf
45	Betriebssportkreisverband Düsseldorf
46	Bill Collins Memorial Team
47	Billard-Club Gerresheim 1958
48	BMW Club Düsseldorf 1928 im ADAC
49	Bogensportclub Düsseldorf
50	Borussia Düsseldorf
51	Bosselclub vom Ostfriesenverein Düsseldorf
52	Boston Club Düsseldorf
53	Bowling-Verein Düsseldorf 1963
54	Boxring Düsseldorf 1946
55	Budoclub „Ronin"
56	Budo-Sport-Club „Bushido"
57	Bullskater Düsseldorf 85 1. Düsseldorfer Skaterhockeyclub
58	Bürgerschützenverein 1896 Düsseldorf-Urdenbach
59	Bürger-Schützen-Verein 1925 Düsseldorf-Rath
60	Canuclub St. Raphael
61	Capoeira-Verein Düsseldorf
62	Cart Wheelers Square-Dance Club Düsseldorf
63	Chong Do Kwan Düsseldorf
64	Christlicher Verein Junger Menschen CVJM - Eichenkreuzverband
65	Christlicher Verein Junger Menschen (CVJM) Düsseldorf-Stockum
66	Club am Rhein
67	Curling-Club Düsseldorf
68	DEG Eishockey
69	DEG Eishockey-Nachwuchs-Förderung
70	DEG Eiskunstlauf 1978
71	DEG Rhein Rollers
72	Deutsche Lebens-Rettungs-Gesellschaft Düsseldorf
73	Deutscher Alpenverein Sektion Düsseldorf Skigruppe
74	Deutscher Fechtclub Düsseldorf
75	Deutscher Sportklub Düsseldorf
76	Deutscher Unterwasser Club
77	Deutsches Rotes Kreuz - Wasserwacht Kreisverband Düsseldorf
78	DJK Agon 08 Mörsenbroicher Sportverein
79	DJK Jugend Eller 1910
80	DJK Leichtathletik-Club Düsseldorf

81 DJK Rheinland 05
82 DJK Sparta Bilk
83 DJK Sportfreunde Gerresheim 1923
84 DJK Sportverein Eintracht 05
85 DJK Tischtennisclub Holthausen von 1963
86 DJK TuS Rheinfranken
87 DJK TUSA 06
88 Duisburg-Wittlaer Reiterverein
89 Düsseldorfer Delphins
90 Düsseldorfer AERO Klub
91 Düsseldorfer Angelfreunde 1964
92 Düsseldorfer Angelsportverein 1960
93 Düsseldorfer Automobil- ud Motorsportclub 05 (ADAC)
94 Düsseldorfer Club für Rasenspiele 1919 linksrheinisch
95 Düsseldorfer Golf-Club
96 Düsseldorfer Hockey-Club 1905
97 Düsseldorfer Kanu-Club von 1953
98 Düsseldorfer Motorboot Sport-Club
99 Düsseldorfer Motorboot-Club „Nautic"
100 Düsseldorfer Paddlergilde
101 Düsseldorfer Radsportverein 1911/12
102 Düsseldorfer Reit- und Polo-Club
103 Düsseldorfer Ruderverein 1880
104 Düsseldorfer Schachclub DSK 1914/25
105 Düsseldorfer Schachverein 1854
106 Düsseldorfer Schießclub 1977
107 Düsseldorfer Schwimmclub „Jan Wellem" 1898
108 Düsseldorfer Segelclub Unterbacher See
109 Düsseldorfer Segler Verein
110 Düsseldorfer Sportclub 1899
111 Düsseldorfer Sportclub Alemannia 08
112 Düsseldorfer Sportclub Viktoria 02
113 Düsseldorfer Sportverein 04 Lierenfeld
114 Düsseldorfer Tennisclub 1984
115 Düsseldorfer Tennisclub von 1928 Weiß-Grün
116 Düsseldorfer Tennisfreunde
117 Düsseldorfer Turnerschaft von 1887
118 Düsseldorfer Turn- und Sportverein „Fortuna" 1895
119 Düsseldorfer Turnverein von 1847
120 Düsseldorfer Wurftauben Club
121 Düsseldorfer Yachtclub
122 Eisenbahner SV Bau-Weiß 1926

165 Kanu- und Yachtclub Düsseldorf
166 Karate Dojo Sandokan
167 Karate-Club Goju Ryu Düsseldorf
168 Kendo-Verein Düsseldorf
169 Kneipp-Verein Düsseldorf
170 Krokodile Düsseldorf 1986
171 Kunstturn-Leistungszentrum Düsseldorf
172 L´ Albatros Volleyball
173 Land- und Golfclub Düsseldorf
174 Lauftreff Düsseldorf-Süd
175 Leib-Husaren-Corps Friedrich Wilhelm Düsseldorf-Urdenbach
176 Leichtathletik-Klub Düsseldorf 1975
177 Lichtbund Niederrhein Duisburg, Gruppe Düsseldorf
178 Lion´s Trophy
179 Lohauser Sportverein 1920
180 Luftsportgruppe DEMAG
181 Motor-Club-Jan-Wellem im ADAC
182 Motor-Yacht-Club Düsseldorf
183 Mountain-Vorderlader-Club Düsseldorf
184 Oberbilker Schachverein 1960
185 Oberkasseler Sportschützengilde St. Georg
186 Oh Do Kwan Düsseldorf
187 Olympischer Sportclub 1935 Düsseldorf
188 Rad- und Motorsportverein „Frisch Auf" Düsseldorf
189 Paragon Golfclub Grafenberg
190 Pferdefreunde Düsseldorf
191 Polizei-Sport-Verein Düsseldorf
192 Post-Sportverein Düsseldorf
193 Rad-Club „Düsseldorpia" 1890
194 Radio-Control-Modellsport-Club Düsseldorf
195 Rad-Renn-Sport-Verein Jan Wellem Düsseldorf
196 Radsportclub Delta Düsseldorf
197 Ratsportverein Düsseldorf-Rath/Ratingen 1951
198 Rad- und Motorsportverein „Frisch Auf" Düsseldorf
199 Rally Touring Club 79
200 Rather Spielverein 1919
201 Reit- und Fahrverein Lohausen
202 Reit- und Fahrverein Jan Wellem Düsseldorf-Gerresheim
203 Reit- und Fahrverein Kalkum-Kaiserswerth
204 Reit- und Fahrverein Stadt Düsseldorf
205 Reit- und Ponyclub Düsseldorf 1966
206 Reitclub Bergerhof

207 Reiterverein Düsseldorf-Niederkassel 1949
208 Reiterverein Vennhausen
209 Reitklub Hofgarten 1966
210 Reitsport-Förderkreis des RV Eller
211 Reitsportverein Düsseldorf-Eller
212 Reitverein Gut Hellerhof
213 Reitverein Lambertus
214 Rheinischer Fechtklub Düsseldorf
215 Rhein-Ruhr-Racing-Team im ADAC
216 Rochusclub Düsseldorf Tennis-Club
217 rock´n roll-club düsseldorfer radschläger
218 Rock´n Roll-Club Känguruh
219 Ruderclub Germania Düsseldorf 1904
220 Rudergemeinschaft Gymnasium Gerresheim 1965
221 Ruder-Gesellschaft Benrath
222 Run 4 Fun Team Düsseldorf
223 SC Düsseldorf Rams ´87 (Skaterhockey)
224 SC Schwarz-Weiß 06
225 Schachclub „en passant" Düsseldorf
226 Schachclub Düsseldorf-Garath 1973
227 Schachfreunde Gerresheim
228 Schachgesellschaft Benrath 1924
229 Schachverein Wersten 1964
230 Schaum-Schläger Düsseldorf
231 Scheiben-Schützen-Gesellschaft Düsseldorf Oberkassel 1959
232 Scheiben-Schüzen-Gesellschaft Hubertus Düsseldorf 1897
233 Scheiben-Schützen-Gesellschaft Wilhelm Tell 1827 Düsseldorf
234 Schießclub an der Universität 1971
235 Schieß-Sport-Gemeinschaft Düsseldorf Süd
236 Schießsportverein Odysseus Düsseldorf
237 Schießsportverein Düsseldorf 01
238 Schülerturnverein Rethel 1963 Düsseldorf
239 Schulverein „Paulsmühle"
240 Schützenbruderschaft St. Cäcilia Düsseldorf-Benrath
241 Schwerhörigen-Sport-Club Düsseldorf
242 Scuba Libre Düsseldorf
243 Segel-Kameradschaft Unterbacher See
244 Senfpott-Twirlers
245 Seniorensport Düsseldorf-Oberkassel
246 SG Düsseldorf-Unterrath 12/24
247 SG Mini-Sport 82 Sportgemeinschaft bei Landesministerien NRW
248 SHC Flyers Düsseldorf 1991 (Skaterhockey)

249 Skatetiger Düsseldorf 1987
250 Ski- und Sportfreunde Düsseldorf 1972
251 Ski-Klub Düsseldorf
252 Spiel- und Sportgemeinschaft Düsseldorf
253 Spiel- und Sportverein Düsseldorf-Knittkuhl 1972
254 Spiel- und Sportvereinigung „Freie Schwimmer" 1910 Düsseldorf
255 Spielvereinigung Benrath 1910
256 Sportangler 1926 Düsseldorf
257 Sportangler Bendensee
258 Sport-Angler-Club Düsseldorf-Kaiserswerth 1909
259 Sportangeler-Gemeinschaft Düsseldorf 1960
260 Sportanglerverein Benrath am Rheine
261 Sportclub 1920 Unterbach
262 Sportclub Budokan 1968
263 Sport-Club Bushido Düsseldorf
264 Sportclub Düssseldorf-West 19/50
265 Sportclub Urdenbach 1983
266 Sportfischer-Verein Düsseldorf 1949
267 Sportfreunde Düsseldorf im DFK
268 Sportgeister SchulSportSpaß
269 Sportgemeinschaft Radschläger 1970 Düsseldorf
270 Sportgemeinschaft Düsseldorfer Kegler
271 Sportgemeinschaft Siemens 1967
272 Sportring Düsseldorf-Süd/Garath
273 Sportring Eller 1892
274 Sport-Schieß-Club Düsseldorf 88
275 Sportschule Dersim
276 Sportschützen „H. Koppers" Düsseldorf
277 Sport-Schützen Lohausen
278 Sportschützen Rath 1954
279 Sportverein Düsseldorfer Kickers von 1949 Düsseldorf-Stockum
280 Sportverein Grün-Weiß-Rot 1930
281 St. Sebastian Bruderschaft Angermund 1511
282 St. Sebastian Reitervereinigung Düsseldorf 1950
283 St. Sebastian Schützenbruderschaft-Unterrath
284 St. Sebastian Schützenverein Düsseldorf-Bilk
285 St. Sebastian Schützenverein Düsseldorf-Lierenfeld
286 St. Sebastian Schützenverein Düsseldorf-Wersten
287 SV „alte Freunde"
288 SV „Schewe Torm" Derendorf
289 SV Wersten 04
290 Tanzgarde der Karnevalsfreunde der kath. Jugend

333 Turn- und Sportgemeinde Benrath 1881
334 Turn- und Sportgemeinschaft Gerresheim und Glashütte
335 Turn- und Sportverein „Maccabi" Düsseldorf 1961
336 Turn- und Sportverein 1949 Düsseldorf-Bilk
337 Turn- und Sportverein Düsseldorf-Nord
338 Turn- und Sportverein Derendorf 1919
339 Turn- und Sportverein Jahn 05 Düsseldorf-Oberkassel
340 Turn- und Sportverein Urdenbach 1894
341 Turn- und Sportvereinigung Düsseldorf 1895
342 Turn- und Sportvereinigung Eller 04
343 Turnerbund Hassels 1925
344 Turngemeinde von 1881 Düsseldorf
345 Turnverein „Frisch Auf" Torfbruch 1903
346 Turnverein Angermund von 1909
347 Turnverein Grafenberg 1888
348 Turnverein Unterbach 1905
349 TV Kalkum 1911/Wittlaer e.V.
350 Universitäts-Sport-Club Düsseldorf
351 Unterbacher Tennisclub
352 „Vanny" - Verein zur Förderung der Kleinkunst in Düsseldorf
353 Verein der Freunde des Gerresheimer Gymnasiums
354 Verein Düssseldorfer Sportangler 1923
355 Verein Düsseldorfer Sportpresse
356 Verein für Angelsport 1961
357 Verein für Badminton 71
358 Verein für Gesundheitssport und Sporttherapie Düsseldorf/Ra
tingen
359 Verein für Leibesübungen Benrath 06
360 Verein für pädagogisch orientierte Bewegungslehre Düsseldorf
361 Verein für Sport und Freizeit von 1975 Düsseldorf-Süd
362 Verein für Zen-Kampfkunst Düsseldorf
363 Volleyball-Club „Alsterwasser"
364 Volleyballclub Phoenix
365 Volleyballfreunde Benrath 1981
366 Volleyballverein „Motzer"
367 Volleyballverein der EFG Düsseldorf
368 Wasser Wanderer Düsseldorf
369 Wassersportfreunde Düsseldorf
370 Wassersportverein „Club der Rheinfreunde"
371 Wassersportverein Benrath
372 Wasser-Sport-Verein Düsseldorfer Rudergesellschaft von 1893
373 Wassersportverein Rheintreue

Der Autor, em. Universitätsprofessor Dr. phil. Heinz-Egon Rösch (geb. 1931), war Professor für Sportgeschichte und Sportsoziologie im Fachbereich Sport der Johannes Gutenberg-Universität Mainz, Professor für Sportwissenschaft und Direktor des Instituts für Schportwissenschaft an der Heinrich Heine-Universität Düsseldorf.